管理禪思

重塑管理之道

禪系……

比佛系……禪系，管理學也可以很簡約

【實用案例分析，將禪思應用於現代管理實踐】

精選禪宗故事，深掘每個管理經驗的深層意義

提升決策與領導能力，探索心靈與事業的和諧共生

為管理者和尋求心靈平衡者提供新視角與解決方案

結合禪宗智慧與管理學，開啟內心平靜與效率提升之旅

宋希玉　著

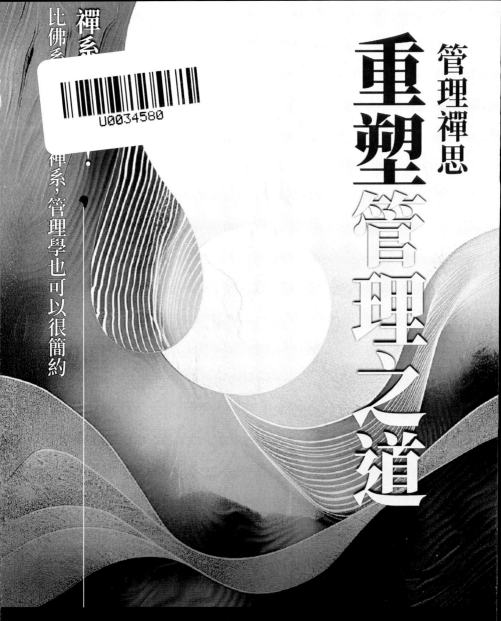

目錄

前　言

第一章
事業求廣博　心性放第一

傳大士賑災……003
點亮心燈……005
笑對屠刀……007
你還是你……011
佛陀的煩惱……014
刮金為救人……016
妥協乃明智之本……018
心靈的鑽石……020
打坐四十年……022
四個老婆……024
定力深厚的老禪師……026
清澈的小河……029
老虎似大蟲……031
神猴的遭遇……032

第二章
無傘求自度　有傘度他人

睡覺吃飯亦修行……037

Contents

佛珠之上生蘑菇 039
觀音菩薩現身蛤蜊說法 042
保留一隻眼睛看自己 044
得到菩提達摩的髓 047
禪師多苦行 049
日本江戶第一染坊 052
布袋與淨瓶 054
一休禪師晒經 057
保持花鮮的方法 059
用好你的心 062
草僧 065
香林開示 066

第三章
知人方善任　適才方適用

為愛情而「還俗」的人 071
一棵參天大樹 075
活佛法遠禪師 077
道不可道 080
西鄰五子食無愁 082
母狐狸趕幼子 084
讓彌勒佛與韋陀同處一廟 087
園頭禪師育苗 088
箸與著 091
專心成就偉業 093

老住持選擇接班人……094
本性……096
守財奴……098
最亮的星星……100

第四章
個人如散沙　團隊似大海

被各個擊破的三頭水牛……103
最有價值的金人……106
廟的興衰……108
三個廟的三個和尚……109
讚美是最好的一帖良藥……112
用心開鎖……113
一支筷子與一副筷子……115
超渡亡妻……117
解脫的途徑……119
為黃金而死去的兩個朋友……121
方丈眼裡的東西……124
用嘴救人……126
團結渡水的螞蟻團隊……128
結伴飛行的大雁……130

第五章
機巧求權變　謀略化危機

求人搬石頭……135
偽裝的菩薩……137

Contents

皮鞋的由來……140
學僧與慧忠國師的問答……142
雨傘和草鞋……144
秀才買柴……146
黑夜中的缺口……148
缸中藏人……150
不淋一人……153
安葬野狐……155
熊的不同選擇……158
商人與高僧……159

第六章
參禪講修行　管理講執行

分粥記……165
先富信徒後富佛教……167
修行恰似彈琴……169
打油……173
「現在」是唯一的答案……176
獨行沙門的醒悟……180
捨多取少的盤珪禪師……183
萬法皆一禪心……186
用莊稼替代雜草……188
將軍殺馬……189
蜘蛛修網……192
千佛山之路……193

住在隔壁的兩個和尚……195

第七章 管人管到心 溝通溝到底

老禪師與弟子的問答……199
固執的騾子……201
禪師因何而斷腿……203
像螺絲釘一樣婉轉曲折……205
神奇的掌聲……208
借宿的兩個僧侶……211
送他一輪明月……213
禪宗三境……214
酒與水是不同的……217
二十四字解怨法……219
向觀音菩薩訴苦的孔雀……221
離佛不遠……223
不為生氣種蘭花……224

第八章 事業無完美 但求無愧心

潛能衝破難關……229
琰圭取經……231
公司就是修道場……233
把握好今天……236
盡天職的禪師……238
不可代勞……240

Contents

撞鐘的小和尚 242
黑帶的真正含義 244
轉世的猴子與投胎的人 246
方丈的心願 247
三個和尚悟道 249
穿衣吃飯 251
乞討修佛身 253

前言

禪是中國哲學的重要資源，它結合了儒、道、佛的精神，其功用不只是在宗教界，它的積極作用影響著整個中華文明。

禪的智慧啟示我們：在人的潛能中本來具有一種崇高的精神力量，而禪的方法就是以「中」對應的、創造性的修行方法，來開發人的這種潛能，打開智慧之門，透過自己的努力，去尋找真理，實現最高價值，從苦難中解脫並獲得自由。

一個管理工作者若能以禪的精神來勉勵自己，約束自己，那麼包括公司在內的一切場合都能成為其修行的道場，正所謂「處處總成華藏界，個中無處不毗盧」。所以，身為管理人員，應將禪的精神，充分貫徹到管理工作中，落實到做人的時時刻刻中。認真做到，管理時上下平等，生活裡樸素無華，心性上返璞歸真，工作中刻苦勤奮，從而使自己的思想言行與自己的信仰原則融為一體，實現禪的人格化。

本書，是以禪學的方法，以禪的深厚修養為核心，進行的「心」的管理。它能夠最大程度激發員工的創造力、提高團隊的凝聚力、增強團隊的戰鬥力。

本結合一百餘篇最具說理性的禪宗故事，以最全新、最實用的思維視角，給管理者在自我心性培養、用人識人、組織團隊、思維創新、危機處理、提高執行力、溝通管理、追求卓越等八個方面予以指導，讓管理者從錯誤或吃力的管理思維中擺脫出來，幫助員工恢復在塵世中迷失了的自我本性，這樣，也就幫助管理者打開了事業成功的大門。

當然，管理的問題是各方各面的，各個公司的管理問題也不盡相同，本書所精選的一百餘篇禪宗故事，儘管代表著部分管理上的通病，但肯定無法一一說盡甚至解決管理上的所有弊病。實際管理工作中的諸多癥結，還需管理者們開動自我智慧的心門，多做實際管理上的修行者，正所謂「解鈴還需繫鈴人」。

第一章

事業求廣博　心性放第一

見心明性乃禪宗的根本，心性乃禪的第一要義。正所謂「心胸有多大，事業就有多廣」，一個人的心性、心胸、膽識、氣概，決定了他做事的格局是否廣博。

傅大士賑災

那一年，傅大士①一家搬到了松山，他和妻子白天開荒種地，晚上掌燈修行。那段時期，當地的人們經常看到有黃色的雲彩在他們房舍的上空籠罩。因此，村民們就把他們所居住的那座大山，稱作「黃雲山」。

這一天，傅大士正和妻子在房舍內修行，忽然聽見外面的田地裡有一陣陣的蔬菜被刮動的聲音，以為又是山上的獾子來偷吃瓜果蔬菜，便與妻子趕了過去。然而，順著聲音逮住的卻是一個偷東西的賊。

傅大士讓妻子回家去取一個大竹簍過來。

這個賊，事實上也是附近村莊的人，他知道附近地區的民俗，就是一旦有賊被抓，就把賊裝進竹簍沉入河底。此時，這個賊害怕極了，他聽到傅大士讓妻子回家取竹簍的話，嚇得蹲在那裡渾身發抖。正當他擔心害怕之際，只見傅大士接過妻子取來的大竹簍，對他說道：「你帶來的這個竹筐太小，裝不了多少東西。這個大竹簍給你，你可以多裝些東西在裡面。」

說著，他們夫婦二人彎下腰，幫這個賊把小筐和大竹簍裝滿快熟了的糧食

---

① 大士，是佛教對「菩薩」一詞義譯的簡稱。傅大士出生在浙江東陽郡義烏縣雙林鄉傅姓人家，因此，後來人們都叫他傅大士。

和蔬菜、瓜果，目送著這個賊離開田地。

日子一天天過去，轉眼傅大士和妻子已經苦修了七年。由於他講論佛法如醍醐灌頂，所以四眾②雲集，漸漸形成了一座道場——雙林寺。

梁武大帝大同二年，江南遇到了天災，莊稼歉收。死亡的陰影籠罩著飢餓的村民。傅大士先是勸導妻子發憐憫之心，捨棄自己的田地家業，設大法會施齋救助災民。但畢竟，這只是杯水車薪而已，幾天過後，他變賣家產所得的糧食便施捨一空。他於是勸說妻子每天到村中有錢的人家，感召他們出錢救眾，並以自己的勞力予以償還。

這樣，在傅大士及他的妻子的感召下，所有的有錢人家，包括佛教徒都捐獻出了自己的財產，共濟饑荒，終於度過了災年。

【禪悟管理】

佛愛眾生，不離眾生，慈悲心懷是闡釋佛教和禪宗的一個最基本的出發點。

慈悲心之所以被禪宗所強調，因為它能帶給人們極大的快樂。渴望被關愛

② 四眾，佛教四種信徒：僧、尼、男、女居士。

是人類生存的原動力，我們每一個人事實上和他人都是相互依賴的。不論一個管理者多麼能幹，如果讓他獨自生存，必然無法存活。

民眾與企業家是世界這個大的食物鏈中的一部分，民眾是個龐大的群體，他們的衣食住行、吃喝拉撒造就了社會的種種需求，企業家不正是賺的他們的錢嗎？同時，民眾還是勞動力，是為企業家創造財富的主力軍。

所以，企業家要將做企業當成是做公德。因為，回報社會不是因為你有多高尚，而是你必須做的公德，因為這是對整個世界大食物鏈的維護。

做企業就是做功德
◎◎◎◎◎◎◎◎

點亮心燈

很多禪師為了啟發弟子們領悟禪機，經常給他們講述一些禪門公案。這一天，佛光禪師向學僧們講了這樣一則禪門公案：

古時，人們大多用紙糊的燈籠點上蠟燭照路，某日一位盲者拜訪了他的一位朋友，辭別時，因為天色已暗，他的朋友就給他一盞燈籠，讓他照路回家。

盲者謝絕朋友的好意說道：

「我不需要燈籠，無論明暗，對我都是一樣」。

朋友解釋道：「我知道你不需要燈籠照路回家，但如果你不帶燈籠的話，別人也許會撞到你，因此你最好還是帶著。」

話說得有理，這位盲者就帶著燈籠回家了，但走不多遠，卻被來人撞個正著，盲者罵來人道：

「看你走到那裡去了？難道你看不見我手裡的燈籠？」

路人除致歉意外，說道：

「老兄！你的蠟燭已經熄了。」

盲者一語雙關道：「是你的心燈滅了，豈關我的蠟燭熄滅與否？」

【禪悟管理】

見性的人，光照的般若與黑暗的無明，在他都是一樣，沒有分別，黑暗的煩惱固然苦人，光明的烈日，又何不炙人？雖然如此，何妨運用慈悲方便，提一燈籠（慧炬）照開眾生的心燈？

---

③ 憨山大師（西元一五四五年－一六二三年）名德清，字澄印，明金陵全椒縣（今屬安徽）人。父親姓蔡諱彥高，母親洪氏。明中葉，自明宣宗至明穆宗共一百多年，佛教各宗派都衰微不振，自明神宗萬曆時期，佛教中名僧輩出，形成了佛教在中國重新復興的繁榮景象，憨山、雲棲（即袾宏）、紫柏（即真可）、藕益（即智旭）四高僧便是其中的佼佼者。

眾生無始以來，我執深重，生死死生，長夜冥冥，雖然長了兩隻眼睛，卻不見眼前路人，責怪盲者燈籠熄滅，自己開著眼睛，卻不用心，心燈的熄滅，才更可悲！例如世人未明佛法大義，到處誤解佛法，毀謗三寶。即如明眼人撞了瞎子的燈籠，還怪燈籠不亮。

身為管理者，也應時刻用心，切勿在管理之路上撞倒那些盲者卻抱怨對方的燈籠熄滅。只有真正看到自身智慧的光芒，才能在實際管理工作中激起內心深處無限的潛能，克服重重困難，掃平前行之路上的荊棘。

◎◎◎◎◎◎◎◎時刻點亮自己的心燈

笑對屠刀

憨山大師③視金錢如無物。有一回，他把幾千兩黃金隨隨便便就施捨給了災民，他的義舉得罪了當地那些囤積居奇、企圖發難民財的土豪劣紳，還招來了一位道士——耿義蘭貪婪的窺視。

明萬曆十八年，耿義蘭向憨山提出，海印寺的寺址屬於道觀。耿義蘭④本

④ 耿義蘭，字芝山，號飛霞，山東高密人，嘉靖年間進士。後來棄官入道，在嶗山太清宮拜師修道。

是個無賴，他的目的只不過是勒索一些錢財而已。但是，出乎他的預料，憨山大師雖然對災民出手大方，面對他的勒索卻分文不給。

於是，惱羞成怒的耿義蘭在那些覬覦寺產的鄉宦煽動下，向山東巡撫狀告憨山。萊州衙門要派兵鎮壓，憨山大師拒絕了，為了平息事態，避免流血，他挺身而出，隻身一人面對數百情緒激動、怒髮衝冠、摩拳擦掌的人群。這時，一位頭腦簡單的無賴，一手拿著青銅盾牌，一手舉著明晃晃的尖刀衝了過來，直接刺向憨山的胸膛……

憨山神色閒定，不躲不避，居然還呵笑出了聲音！他笑著對無賴說：「你殺我很簡單，不過，你想過沒有，殺了我之後，你怎樣自處？」

無賴一愣，隨即慢慢放下了尖刀……憨山的鎮定自若與寬宏大量，使得人們沸騰的情緒漸漸冷靜下來，當他們明白真相之後，紛紛向憨山叩頭請罪。

幾年之後，因丟人現眼無法在當地混下去的無賴道士耿義蘭，到了京城。他擊鼓狀告憨山德清。萬曆皇帝知道此事後，大為歡喜，因為憨山大師的立場始終站在太后那一邊，他想藉此機會狠狠打擊太后的勢力。

於是，萬曆皇帝立刻下詔，將憨山押解到北京來，並特意授命主審官員嚴刑逼供，讓憨山承認花費了太后給予的內廷金銀數十萬。

憨山大師本來就是一位情操高潔的禪者，何況是無中生有的誣陷，他如何肯違背佛教戒律而承認呢？當獄卒濫施酷刑之時，他便專心參禪。所以，往往那些獄卒對他打著打著的時候，他竟然進入了神奇的禪定狀態，對棍棒、烙鐵在肉身上所留下的疼痛似乎全無感覺。

無可奈何的主審官，為了保住皇帝的顏面，只好編造了一個「私建寺廟」的罪名，將憨山發配到雷州。

萬曆二十四年（西元一五九六年）春，憨山德清被充軍到嶺南。

禪者隨緣不攀緣，因此處處是善緣。憨山大師被流放嶺南，卻能將他原來與好友紫柏尊者重新振興曹溪的計畫變成了現實。

韶州曹溪（今韶關南華寺），是六祖慧能開創禪宗的地方，是天下禪僧的法源。自從南宋末年被蒙古兵放火焚燒之後，日益衰敗，寺產土地漸漸被豪強蠶食侵占，清靜聖潔的禪宗祖庭，竟成賣肉沽酒的汙垢之所！曹溪大師經過兩年辛勞，終於使得梵宮再現，曹溪中興，祖庭重光。

明天啟三年（西元一六二三年），七十八歲的憨山大師在曹溪端坐而逝。

【禪悟管理】

憨山大師笑對屠刀，酷刑加身而入禪定，以及死後肉體不朽，不是神話，也不神奇，這僅僅是禪者修行達到一定境界的標誌。

大師可以做到在任何一個環境下，鎮定自若面對眼前的一切。作為公司的管理者，也應像大師那樣，學會控制自己的情緒，尤其在面對諸多人事問題糾葛的時候，更應把握好自己情緒上的「閥門」。

人與人之間的情緒是會互相感染的，有時自己控制得還不錯的情緒，猛然間被他人破壞了，而別人的情緒也常常被自己「汙染」。問題是誰都討厭無故傷害別人情緒的人，哪怕是為了公司的業務事宜。

控制好自己的情緒，給下屬帶來一種輕鬆、合宜的氣氛，這既有利於工作，也無疑會令自己受歡迎，這實在是聰明領導者不可不為的行為啊。

唯有為所當為，才能有所貢獻

◎◎◎◎◎◎　◎◎◎◎◎◎

你還是你

一個月色朦朧的深夜，一個靠海的山洞裡，一個老和尚正在盤膝打坐。朦朦朧朧中，他聽到了幾聲哭泣，再仔細聽，又沒了動靜。老和尚修行多年，感覺極為靈敏，尤其是在坐禪時更是如此。

現在，他完全可以斷定，那聲音來自山腳下的海邊，而且哭泣的人是一個年輕的女子。

這麼深的夜了，情況肯定非比尋常！

老和尚從蒲團上立定站起，急忙向海邊奔去。

果然，月色當空，海邊高高的岩石上，靜佇著一個白色的身影。就在老和尚即將抓住輕生女子的衣袖之際，那女子縱身一躍，跳進海中。

幸好老和尚會一些水性，而且奮不顧身，完全將自己的生死置之度外，在大潮將她捲走之前抓住了她。幾經掙扎，幾度沉浮，一個半死的人拖著一個快死的人終於爬上了海岸。然而，被老僧救活之後，年輕女子不但不感激，反而一臉的憂傷，埋怨老和尚多管閒事！

老和尚問她：「年紀輕輕為何要選擇輕生之路？」

年輕女人喃喃說道：「這裡是我的美夢開始的地方，所以也應該在這裡終結……」

兩年前，就在風光旖旎的普陀山，波浪層疊起伏的海濱，一切都如夢似幻。她與一個前來旅遊的年輕人不期而遇……一年前，他們愛情的結晶——一個像夏日的陽光一樣燦爛的兒子出世了……然而，那個渴望讓自己和他共度人生夕陽的愛人，卻因一次公差不幸殉職。她日夜不停的哭泣，真好像天塌下來一樣難以承受。但這還不是最後的苦難。讓她痛心不已的是，他們愛情的結晶——那個活潑可愛的寶貝兒子，卻也因疾而亡……

「我一個女人，沒了丈夫，沒了兒子，活在世上還有什麼意思？所以……」

年輕女人泣不成聲，悲痛欲絕。然而，老和尚不但沒有開導她、安慰她，反而放聲大笑：「哈哈……」

女人被他莫名其妙笑愣了，不知不覺停止了哭啼。

老和尚笑夠了，問女人：「兩年前，就在此地，你有丈夫嗎？」

女人搖搖頭。

「兩年前，踏上這普陀山時，你有兒子嗎？」

女人再次搖頭。

「那麼，你現在不是與兩年前一模一樣了嗎？兩年之前，你獨自一人來到島上，是來自殺的嗎？」

女人愣住了。

老和尚說：「兩年前，你既無丈夫，又沒兒子，一人來到這裡。現在，你與兩年前一模一樣，仍是獨自一人。今天，就像兩年前那一天的延續，只不過是還原了一個你自己。所以，為什麼不能重新開始？你增長了人生閱歷，或許有更美好、更圓滿的生活在等著你。」

女人囁嚅道：「我……」

「你還是你！」老和尚斬釘截鐵說。

「我就是我？我就是我……」女人像是發現了新大陸：「果然，我不是別人，不用為別人活著，我就是我！」

【禪悟管理】

人很容易迷失自己，當了官，以為官就是自己；有了名，以為名就是自己；賺了錢，以為錢就是自己……我們應該時常問一問：沒有這些物質以前，我是誰？有了這些東西之後，誰是我？如此，起碼我們能生活得快樂一些。

管理者身處管理階層，名譽、權利欲會不斷擊打內心深處的大門，能否從客觀、理性的角度看待自己所處的位置，自己所擁有的權力，這將決定管理者的管理之路，能否順暢走下去的一個評判標準。

一念之差分凡聖，人格高低在己為

佛陀的煩惱

有信者問趙州從諗禪師⑤：「佛陀有煩惱嗎？」

趙州：「有！」

信者：「那怎麼會呢？佛陀是解脫的人，怎麼會有煩惱呢？」

⑤ 唐代趙州從諗禪師（西元七七八年—八九七年），山東曹州人，俗姓郝，從小在本州的扈通院出家，未受戒便抵池陽，參南泉，拜南泉普願為師，後於言下悟理，乃往嵩山琉璃壇受具足戒後，仍近南泉。八十歲左右，眾僧請往趙州觀音院做住持。所以，世稱趙州從諗禪師，道行高潔。

趙州：「因為你還沒有得度。」
信者：「假如我修行得度了以後，佛陀還有煩惱嗎？」
趙州：「有！」
信者：「我既已得度了，佛陀為什麼還有煩惱呢？」
趙州：「因為還有一切眾生！」
信者：「眾生是無盡的，那佛陀豈不是永遠在煩惱之中而無法超越了？」
趙州：「已經超越，已無煩惱。」
信者：「眾生既未度盡，佛陀為什麼又不煩惱呢？」
趙州：「佛陀自性中的眾生都已度盡。」
信者於言下似有所悟。

【禪悟管理】

凡夫眾生的煩惱，是從無明妄想生起的，而佛陀的煩惱，是憐憫眾生的煩惱而起的，佛陀實無煩惱。

仔細想來，煩惱其實本沒有真實性。像佛陀一樣煩惱非煩惱，這樣去生活，該有多好！

從管理上講，情緒很會影響工作，這不但會令管理者自己做出一些失去理智的事情，傷害他人，最終也會給自己帶來麻煩。

身為管理者，要真正做到遇事不怒，就要在平時加強自我道德修養、培養良好性格、保持樂觀向上的精神等等，這樣才能夠防「怒」於未然。

請記住一休禪師對世人的忠告：小怒數到十，大怒數到千。

失意事，治之以忍；快心事，處之以淡

刮金為救人

榮西禪師⑥身為白馬寺的住持，德高望重，自身對禪學也領悟頗深。

有一次，恰逢乾旱之年，寺裡生活維持十分艱難。一個衣衫襤褸的家人由於家裡已經好幾天沒飯吃了，一家老少臨近餓死，便向禪師求救。

禪師聽完，面露難色，一想到寺裡的困境即感為難。突然間，他看到身旁那鍍金的佛，眼睛裡一下子閃出了光芒。他馬上就用刀子把佛像上的金子刮了

⑥ 榮西禪師（西元一一四一年－一二一五年），日本禪師，也是日本茶祖，是宋代把臨濟禪傳入日本的第一人。他是一位信奉大乘的僧人，在西元一一九一年來到中國學禪。

下來，用布包好，交給了那位窮人，讓他拿著去買食物。

那個窮人十分不安，當即雙手合十，說道：「真是罪過啊！」

旁邊站著的弟子也說道：「師父竟然將佛祖的衣服——佛祖身上的金子拿去送人，真是對佛祖大大的不敬啊！」

禪師沉默了少許，然後意味深長說道：「我佛慈悲，他都願意用自己身上的肉來布施眾生，更何況只是他身上的衣服呢？我這樣做無非是圓佛的心願罷了。」

弟子聽後，恍然大悟。

【禪悟管理】

信仰，應當體現在用行動來實踐教義上，而不必拘泥於表面形式。但有些人往往是盲目崇拜權威，本身對權威的思想卻是一知半解，自然難以吸取其中的精華並化為己用。

一個成功的企業家，必須要有高度的責任感，不管你做什麼，都要做一天就有一天的樣子，因為你不知道它會在以後能給你什麼樣的幫助。只要你保持自己的責任感，你也可以成為成功者。

責任感不僅是管理者立足於社會、獲得事業成功的必要條件，也是管理者至關重要的人格特質。

◎◎◎◎利萬種人，能修萬種行◎◎◎◎◎

妥協乃明智之本

一個高僧化緣回來，正趕上狂風驟雨、山洪暴發，山下的河道上，通往寺院的唯一的一座獨木橋，在颶風和急流中，已是岌岌可危。高僧趕緊走上獨木橋，急著回寺院。

就在高僧走到獨木橋的三分之一時，獨木橋的對面突然走上來一個手持牛耳彎刀、氣勢洶洶的惡人，他野蠻霸道舞動著手，責令高僧退回去，讓他先過。高僧武功蓋世、身懷絕技，別說對方拿著牛耳彎刀，就是拿著象牙彎刀他也不怕。可是，高僧畢竟是高僧，他真的嚥下這口氣，轉身往回走去。

不知是天意還是造化，就在高僧剛剛回到岸邊，那個惡人剛剛走到獨木橋的三分之二時，一波巨浪打來，獨木橋轟然倒入急流中，橋和人都不見了蹤影。

後來，有村人請高僧去超渡一個溺水者，高僧一看正是那天強行奪路，橋塌落水之人。

【禪悟管理】

常言道，大丈夫「能屈能伸」。「能屈」就是在客觀形勢對自己不利的時候，能夠靜守待時；「能伸」則是在外在環境對自己有利的時候，能夠進取有為。「能屈能伸」，是人的一種美德，更是人之處世的一種方法原則。現實生活中，順而能進易，逆而能屈難；逆而能屈易，屈伸隨時難。

在現代社會，人與人之間講求平等，公司與公司之間也是如此。只有尊重他人，才能獲得他人的尊重。一個管理者應該足智多謀、靈活圓融，何時該退，心裡要明白；要善於根據對方的身分、地位、來歷、目的及時間來調整自己的策略。

◎◎◎◎◎◎◎◎要做明理的智慧人

心靈的鑽石

一個寺院裡，小和尚正幫老和尚塑製佛像，就在佛像快要塑製好的時候，老和尚自語說：「該給佛像放心靈了」，並隨手在泥佛像的心臟部位放上一顆非常碩大的晶體。然後，叮囑小和尚說：「這是寺院的鎮剎之寶，是一顆天然的鑽石，一定要終生嚴守機密，並不惜生命去守護它。」小和尚連連點頭。

過了不久，在一個月黑風高的深夜，這個曾經信誓旦旦要保護佛像身上的鑽石的小和尚，居然砸裂了佛像，盜走了那顆沉甸甸的鑽石。

幾年後的一天，老和尚在雲遊回來的路上，遇到一個蓬頭垢面的乞丐，覺著眼熟，就走上前去看個究竟，果然不出所料，應了老和尚的法眼——這個乞丐就是當年盜走佛像「心靈」的小和尚。

這時，消瘦得弱不禁風的小和尚也認出了師父，馬上雙膝跪地，請求師父饒恕他的罪行，把他帶回寺院，以度餘生。

老和尚高念一聲「阿彌陀佛」，問小和尚那顆鑽石的下落。小和尚說，那是一顆假鑽石，一個銅板都不值，被他隨手丟棄了。

老和尚仰天長歎之後，無可奈何說：「你連佛主的心靈都敢偷，接著又隨手丟棄，你自己的心靈就可想而知了。別說把你帶回寺院，就是把你帶上如來佛主的瑤台，你也無法超渡了……」

【禪悟管理】

心靈的鑽石原本都是真的，一旦遭遇邪念、誤入世俗，它就變得不真不純潔了。

人格的偉大之處在於，它能超出欲望的需求而追求品德的完善。一個管理者如果能做到「無欲」的話，就是放棄了塵世中的雜念，就是清空了心靈裡面的世俗與生活積存下來的敗絮。清空了心靈，才能收穫未來的光榮與輝煌。

◎◎◎◎◎◎◎◎◎◎讓心靈的鑽石永放光芒

打坐四十年

宋朝佛窟惟則禪師，本是長安人。他自幼喜愛佛法，少年出家後，在浙江天臺山佛窟庵修行。

到了天臺山，他用樹枝和茅草蓋了一間草庵。平日以泉水解渴，每天只在中午採摘山中野果充飢。每日如此，不知過了多少年。

這天，有一個樵夫路過草庵，見到一個修道老僧，好奇問他：「您在此打坐多久了？」

佛窟禪師回答道：「大概已有四十寒暑。」

樵夫又好奇問道：「只有你一個人在此修行嗎？」

佛窟禪師點頭道：「深山老林，一個人在此都嫌多，還要那麼多人做什麼？」

樵夫又問：「難道你沒有其他朋友嗎？」

佛窟禪師拍掌三聲，一時間一群虎豹從庵後湧出，樵夫大驚失色。佛窟禪師忙說莫怕，並示意虎豹退回庵後。

禪師道：「你看到了吧，我的朋友很多，山河大地，花草樹木，狼蟲虎豹，都是我的伴侶。」樵夫聽後深受感動，自願皈依佛門。

從此修道者紛至沓來，天臺山翠屏岩白雲飄飄，草木迎人，虎往鹿行，鳥飛蟲鳴，最終發展成佛窟學禪派。

【禪悟管理】

禪師一坐四十年，這與浮躁的現代人相比，是多麼的不可思議。在禪師的眼中山河大地，狼蟲虎豹，皆為朋友，不為別的，只是為了淨心修行。可現在的我們又有多少人能靜下心來認認真真做些事情？與禪師相比，我們是不是少了很多耐心和恆心？

堅持就是勝利。做事一定要始終不渝，專心致志，那些看起來不可能的事在你頑強的意志下，也一定能成為現實。因為管理一個企業要比一般人承受更多的困難、挫折，甚至是痛苦和孤獨。但也正是這樣的勝利來得緩慢，所以最後勝利的凱歌才更加振奮人心、更加響亮。

◎◎◎◎◎◎◎◎◎◎忍耐是必備的創業美德

四個老婆

有一次，釋迦牟尼⑦在法會上向他的弟子們講了個故事：

從前有個商人，娶了四個老婆：

大老婆是他四台大轎、明媒正娶過來的，但她經常躲在房間不出來，因此商人也很少到她那裡說話。

二老婆是他和家丁費盡周折從外地搶過來的，可稱得上是讓無數男人為之動情的絕色佳人。

三老婆論姿色很一般，不過她精於算計，打得一手好算盤，整天打理內外，幫忙商人減輕負擔，商人也很是滿意。

小老婆呢？長得美麗又善良，每天像影子一樣跟著商人寸步不離，商人也經常帶著她在各種場合與自己的那些生意場上的朋友周旋。

日復一日，年復一年，光陰似箭，商人上了年紀，身體也一天比一天差了。這一天，一家人用過了早餐，商人對他的幾個老婆說道：「我的身體越來越糟糕了，生意也大不如前了，往日我對你們都不錯，現在是需要你們照顧我

---

⑦ 釋迦牟尼，原名喬達摩·悉達多，釋迦族人，是古印度北部迦毗羅衛國淨飯王的兒子。他生於西元前六二四年，卒於西元前五四四年，終年八十歲。他的出生日期有兩個說法，北傳佛教認為是陰曆的四月初八，南傳佛教則認為是印度曆二月（陽曆五月）的月圓之日。降誕的地點就是被稱為世界四大文明古國之一的印度，是古代印度偉大的思想家、佛教創始人。

的時候了，我也要把我們的僕人、家丁辭掉了。」

小老婆說：「我還那麼年輕，哪裡能前後在你身邊伺候啊？我自己都需要人照顧呢。」

二老婆說：「當初我就不願意嫁給你，是你把我搶來的，現在也該是我離開你的時候了。」

三老婆說：「你老了，我也不用考慮維繫我們的感情和算計你的錢財的出入問題了，我也該考慮我自己今後的生活了。」

這時候商人看了看他的大老婆，令商人出乎意料並感動不已的是，這個老婆話都沒說，就起身走過去，坐到了他的身旁，表示默許。

講完故事，釋迦牟尼問眾弟子：「你們聽明白了嗎？這四個老婆就是人生的四個方面啊！」

【禪悟管理】

小老婆是指人的肉體，人死後肉體要與自己分開。

第二個老婆是指財產，許多人為了金錢財產辛苦勞作了一輩子，死後卻不能將它帶走，只能帶著遺憾離開人世。

第三個老婆是指自己現實中的妻子，雖然生前可以相依為命，但是死後還是要分開的，永遠不可能求得永世相伴。

大老婆是指我們自己的心靈，也即人的自性。不可以不在乎它，但是它會永遠在乎你，永遠忠誠於你，無論你是貧窮還是富貴，快樂還是痛苦，它與你永不分離。

身體是本錢，固然重要；財產是基礎，亦不可缺；老婆是伴侶，少了會寂寞；但最重要的還是自己，還是自己的靈魂和天性，把它培養和塑造好，你才會一生受用不盡！

◎◎◎◎◎外財固然好，內財更微妙◎◎◎◎◎

定力深厚的老禪師

有一位老禪師，他深居山谷深處參禪，十餘年來都由一對母女護法供養。十年的光陰，似乎已經不算短了，但這位老禪師卻一直未能明心見性，於是，他就想走出這片山谷，到外面的世界去尋找高人，拜師問道。

老禪師打定主意，就要上路，臨行前，護法的母女要求禪師能多留幾日，要做一件衲衣送給祖師。老禪師答應了。

母女二人回家後，馬上著手剪裁縫製，縫一針念一句阿彌陀佛聖號。做畢，再包了四錠馬蹄銀，送給老禪師做路費。

禪師接受了母女二人的好意，準備明日動身下山。

當夜，老禪師仍坐禪養息。半夜時分，有一青衣童子，手執一旗，後隨數人鼓吹而來，扛一朵很大的蓮花，抬到禪師面前。童子說：請禪師上蓮花台！

老禪師心中暗想：我修禪定功夫，未修淨土法門，就算修淨土法門的行者，此境亦不可得，恐是魔境。

老禪師對此不做理會，童子又再三勸請，說祖師切勿錯過時機。多次勸請下，老禪師就隨手拿了一把引磬，放在蓮花台上。不久，童子和諸樂人，便鼓吹而去。

第二天一早，禪師正要動身時，母女二人手中拿了一把引磬，問老禪師道：「這是禪師您遺失的東西嗎？昨晚家中母馬生了死胎，馬夫用刀剖開，見此引磬，知是祖師之物，特來送回。只是不知為什麼會從馬腹中生出來呢？」

老禪師聽後，汗流浹背，乃作偈曰：「一襲衲衣一張皮，四錠元寶四個蹄；若非老僧定力深厚，幾與汝家作馬兒。」

說後，將衣銀還於母女二人，一別而去！

【禪悟管理】

試想，管理者如果沒有老禪師那樣的深厚定力，就一定會被塵世的一些誘惑所俘虜，就像掉進米缸裡的老鼠一樣，會被一時無憂的日子所迷惑，而當災難來臨之時，一切已經悔之晚矣！

堅定的自制力是抵禦引誘的最有力的武器，它能使管理者從軟弱無力的受迷惑狀態中解脫出來，恢復控制自我的能力，重新主宰自己的命運。

◎◎◎◎◎耐得住寂寞，禁得住誘惑◎◎◎◎◎

清澈的小河

老禪師有一次和一個弟子出遊，恰好那天特別的熱，兩人走了一段路之後，就上氣不接下氣，嗓子眼裡像冒煙似的難受。

老禪師吩咐他的弟子說：「我們剛才不是剛剛渡過一條小河嗎？那裡的水清澈甘甜，你去裝些來解渴吧。」弟子就捧著老禪師的金缽去了。

過了一會，弟子空著手回來了，稟告老禪師說：「小河那邊有一群販賣布匹的西城商人，他們的馬在那裡追逐，把整條小河的水都弄髒了。不如我們再走兩個時辰的路，到前面的另外一條小溪去吧。」

老禪師皺了皺眉頭，回答道：「牛羊不吃身邊的草，卻要翻山越嶺吃山對面的沙子，世界上有這樣的事嗎？我們現在渴得不行，為什麼還要走兩個時辰的路去找水喝呢？你還是再回去一趟，取些水來解渴吧。」

弟子噘著嘴，心裡雖然一萬個不情願，但還是按照老禪師的吩咐回到那條小河邊。

但讓他大吃一驚的是：才這麼一會的工夫，原來的那群人馬都不見了，整條小河又恢復了第一次見到時的清澈和平靜，好像什麼事情都沒發生過一樣。

【禪悟管理】

沒有永遠混濁的河水，與其捨近求遠亂碰運氣，不如等待一時，機會總會來臨。這就是老禪師的智慧。

事物總在不斷變化，所謂「一切皆流，一切皆變」。因此，不要害怕等待，等待中自有機會。很多人卻錯誤認為，等待是可恥的，是無能的表現，是消極的行為，事情發生總應該有所行動。

身為管理者，無論是處於順境還是逆境，都應該讓自己在等待中尋求更高、更遠、更強的發展。

沒有永遠渾濁的河水

◎◎◎◎◎◎◎◎◎

老虎似大蟲

池州杉山智堅祖師，有一次與歸宗禪師、南泉祖師同去行腳，在路上碰到一隻老虎擋路橫立。三人不動聲色，從容從老虎身邊走了過去。

南泉就問歸宗：「剛才看見的老虎像什麼？」

歸宗說：「像隻貓。」

歸宗轉頭問智堅禪師：「你看像什麼？」

智堅回答說：「我看像條狗。」

歸宗反過來又問南泉，南泉淡淡說：「我看到的是個大蟲。」

【禪悟管理】

拋開這三位禪師的見地不談，單單是這一份膽量和氣魄，就足以為教化一方的大宗師！當年釋迦世尊在被提婆達多設計陷害時，面對五頭狂奔而來的醉象神色安然面不改色；如今這三位禪師路遇猛虎不動聲色，其作為也不愧為後世子孫之楷模！

欲成丈夫之偉業，當具備丈夫的胸襟和器量！此為千古不易之理。

◎胸襟成就偉業◎

神猴的遭遇

在印度瓦拉納西的杜爾加廟一帶，生活著一群長尾葉猴。這種猴身長不過六七十公分，而尾巴卻有七八十公分長。牠們身上的毛是棕灰色的，臉部、耳朵、手、腳卻都是黑色的。

瓦拉納西人把杜爾加廟當作神廟，在杜爾加廟一帶生活的長尾葉猴，也就被當成了神猴。每天，許許多多香客帶著各種各樣好吃的東西去餵養神猴，祈求神猴保佑自己和親屬遇難呈祥，逢凶化吉，平安幸福，心想事成。

平時，神猴們大搖大擺在大街上行走，見水果拿水果，見花生拿花生，人們也不敢得罪，任由牠們肆意囂張。

但有一隻神猴在神廟一帶待膩了，獨自跑到另外一個國家，想見識見識異國風光，結果，被一個耍猴人抓了去。耍猴人把牠帶到街頭，讓牠翻跟斗、鑽圈圈、拿著盤子向圍觀的人討錢。

神猴生氣把盤子摔到地上，雙手插腰說：「喂！我是神猴！」耍猴人揚起鞭子說：「神氣什麼，是想討打吧！」說著，一鞭子抽下去，神猴痛得「嘰嘰」直叫。

從此，神猴跟著耍猴人，每天在大街上賣藝討錢。牠怎麼也想不通：只不過換了個地方，自己怎麼一下子就變得這麼低賤？

【禪悟管理】

人們對你的不同態度取決了你在不同環境中的不同表現。

一個人有了權力，有了金錢，可能會獲得人們的尊敬。他也因此可以在自己的權力範圍內盡情享受自己的生活。他可以在別人面前擺架子，顯示自己的權勢有多大，把基層員工踩在腳下，而為所欲為，但是他並不是一輩子都享有這樣的榮譽，也並不是會永久騎在人們的脖子上。終究有一天，他會下台，也會變成普通人，這時人們就會反擊他。

因此，管理者要在其位保持廉潔公正，多做有益於社會的事情，不要因為自己擁有了權力而忘乎所以。否則，終究有一天你會被人們踩在腳下而為人們所不齒。

成功，奠基於「不苟且」一語

第二章

無傘求自度　有傘度他人

禪宗講先自度，其後度人。

現代一些禪師也有認為自度與度人可以同時進行，互相互動，結下善緣。

管理禪之自度，即是對管理事物的自我省悟、自主學習、自我提高；管理禪之度人，也就是對下屬的培養與教育，進而是整個企業的洗心革面，最終達到禪宗管理的最高境界。

睡覺吃飯亦修行

有個剛剛出家的小弟子問慧海禪師道：「師父，你到底有什麼與眾不同的地方，能夠活得如此瀟灑自在呢？」

慧海禪師微笑著說：「呵呵，也沒什麼啊。如果說一定要有的話，那我與眾不同的地方就是睏了睡覺，餓了吃飯。」

小弟子聽後顯出不以為然的神情，反問道：「這還算與眾不同嗎？哪個人不是您說的這個樣子啊。」

慧海禪師聽罷，更是哈哈一笑，說：「我睡覺的時候就是睡覺，從來不做噩夢，睡得輕鬆自如，也從未失眠過。我吃飯的時候就是吃飯，什麼其他的都不想，吃得安心舒坦。」

慧海禪師頓了一下，看了一眼這個弟子說道：「可是世間的芸芸眾生，吃飯的時候思慮著怎麼去賺錢，吃飯也吃不出香的味道來。睡覺的時候又想著晚上會不會有盜賊闖入，搶劫自己的錢財，夜不能寐。你說，我這不算與眾不同嗎？」

小弟子聽了禪師這番話，大有所悟，說：「如此看來，我平常做事、打坐，真的要多一分平常心，用心去感受這個變化莫測的世界啊！」

「是的，你說的很好，」慧海禪師高興說，「你呀，現在才算是剛剛開始入門了啊。等你真正做到了不留平常心，無所依而生其心，那才是真正開始悟道了。」

【禪悟管理】

禪宗強調本心不是空洞的，日常的行住坐臥、見聞覺知都是本心的流露、表現、作用。順其自然的平常行為，既是禪修的方法，也是禪修的境界。

臨濟宗開山祖義玄禪師說過：「佛法無用功處，只是平常無事。屙屎屙尿，穿衣吃飯，睏來即眠。」道不離於日常生活，管理也一樣，不必於平常之事外用功夫，只須專注於日常工作中，心無旁騖，順其自然，久而久之，必定頗見成效。

創業、經營、慶典、併購、上市上櫃等大的管理事件並不是每天都在發生。每日的工作，更多的還是一些繁雜及例行的一些事物，因此管理工作不免顯得瑣碎甚至毫無趣味。作為一個管理者，只有持一顆平常心態，才能全神貫注並且樂此不疲。

只要你能摒棄一切雜念，將全部身心都投入到日常工作中，就算你在管理工作上閱歷不深，一樣能將公司打點得井井有條，事事順暢。

◎◎◎◎ 物來則應，◎◎◎◎ 物去不留，◎◎◎◎ 安住當下，◎◎◎◎ 無棄無求。

佛珠之上生蘑菇

高高的山上有一座廟，廟裡有個老和尚和一個小和尚。

小和尚跟隨老和尚多年，十分聰慧，頗具慧根。老和尚學識廣博，把自己的所學全部授予了小和尚，打算讓他日後繼承自己的衣缽。

有一天，小和尚下山化緣，他被外面的繁華世界所吸引，最終竟然留在了塵世，沒有如期回到寺廟。

小和尚留在塵世二十年了，他得到了很多，可算是功成名就。

陽光明媚的某一天，當他看著窗外的流水、天上的浮雲，他猛然醒悟。終於，他回到廟裡，跪在老和尚面前，請求原諒。

小和尚失蹤後，老和尚走遍了三山五嶽，一直沒有放棄尋找。可是今天，小和尚竟然自己回來了，請自己原諒，老和尚一時心中怒火燃燒。

老和尚看也不看小和尚，一邊採著蘑菇，一邊指著胸前的佛珠，說道：「我能原諒你，可佛祖會原諒你嗎？要我原諒你可以，除非這佛珠之上也能生出蘑菇來！」說完，拂袖而去。

佛珠之上怎麼能生出蘑菇？小和尚知道師父不可能原諒自己了，沒辦法之下，他就又回到了塵世之中。

再說老和尚。小和尚走後的第二天，山上下起了雨，還夾著很濃的大霧。老和尚清晨起來，一睜眼，發現胸前的佛珠，還有木床板上，由於空氣濃度潮濕，竟然真的都長出一個個小蘑菇來。

老和尚呆坐在床上，頓然醒悟。這世間有什麼不能諒解的呢？最寶貴的，難道不是一顆真誠悔改的心嗎？

【禪悟管理】

故事中的老和尚在小和尚犯錯悔改之時，並沒有給對方機會，因此也就最終失去了傳承自己衣鉢的機會。

正所謂人非聖賢，孰能無過？在下屬偶爾犯錯，但已悄悄採取了補救措施，並沒有因此造成惡果的時候，身為一個管理者不要動不動就擺出一副冰冷的臉孔，這對犯錯的人看來，是最讓人無法接受的。這個時候，他們所需要的是耐心的指導和真誠的鼓勵。

一件工作、一項任務完成以後，管理者要充分肯定下屬為此付出的努力，要當面把成績講足，同時客觀分析其錯誤，把問題講透。這樣，犯錯的下屬才會在今後的工作中避免同類錯誤的發生。

特別指出的是，對於那些勤懇工作、超時運轉和善於創新的下屬要格外的關心和幫助。在一般情況下，他們由於工作性質的原因，失誤可能會更多些，而恰恰因為如此，他們更需要支持和理解。

◎◎◎◎人非聖賢，孰能無過◎◎◎◎

觀音菩薩現身蛤蜊說法

唐文宗①特別愛吃蛤蜊，沿海的官員每年都要分批進貢，十分辛苦。

一日，皇宮中的御廚，取來一顆又肥又大的蛤蜊，準備為皇帝烹煮時，任御廚怎麼用力敲打，就是無法打開蛤蜊的殼，御廚見此異相，急忙秉報皇帝。文帝即設香案，焚香至誠祈禱，就在此時，蛤蜊的殼自動打開，裡面赫然端坐一尊觀世音菩薩聖像，文帝當場即恭敬禮拜，並立即召請當時的惟政禪師②入宮答疑。

惟政禪師指著蛤蜊說：「異象的出現，都是與人事相對應的。蛤蜊菩薩是來啟發皇上信佛之心的。」

「何以見得？」文宗問。惟政禪師告訴文帝：「經上記載，眾生應以何身得度時，觀世音菩薩即現何身而為說法。此瑞相，即是菩薩為令陛下對佛法生信，慈悲所示現。」

文宗頗懂禪機，問道：「菩薩的身形雖然出現了，但我怎麼沒聽見他說法？」

---

① 唐文宗（西元八〇九年—八四〇年），西元八二七—八四〇年在位，是唐穆宗的二子，被宦官立為帝後改名為李昂，在位間，去奢從儉，勤於政務，期成名君，但既受制於宦官，又受制於朋黨，又再受制於藩鎮，鬱鬱而終。

② 惟政禪師，平原人士，姓周氏。受業於河南延和寺詮澄法師，得法於嵩山普寂禪師，後入住太一山中，學者滿堂。

惟政禪師拈重若輕，不答此事，反問道：「陛下把這件事看作是平常的呢，還是不平常？您是相信呢，還是不相信？」

文宗說：「這是我親自遇到的稀奇事，所以深信不疑。」

惟政禪師這才笑道：「既然深信不疑，陛下就早已聽完菩薩說法了。」

文帝聽完，心生歡喜，並告詔天下的寺院立觀音聖像供奉禮拜。

【禪悟管理】

禪宗強調「觸目而真」——禪的真諦蘊含在生活的各方各面，世間萬物每時每刻都在闡釋宇宙妙理，悟與不悟，看悟道者的功夫與機緣。

在管理工作中，很多時候，管理者不要只想著一定要讓下屬採取什麼行動，而最重要的，是要讓他們學會做優秀員工的方法，怎麼樣才能採取正確的行動。

如果惟政禪師不是以智慧巧妙的方法開導文宗皇帝，一定不會讓文宗皇帝信服。對於我們的下屬也是如此，要用合理、巧妙的方式指導他們的處事思維。

一些目光敏銳的管理者提出了用優秀員工的工作方法，去培訓其他員工的理論。他們認為，優秀員工之所以表現出眾，不一定是因為他們懂得比別人多，而是因為他們的工作方法與眾不同。

試試看，在你的公司內部，找到那些一流的員工，了解他們行之有效的工作方法，組織那些表現平平或者較差的員工向他們學習，就能提高工作效率，從而增強組織的競爭能力。

心中要有慈悲，更要有智慧

保留一隻眼睛看自己

中國禪宗傳到日本之後，禪的精神、禪的智慧推廣到社會每一個角落，而且產生了許多變化，比如茶道、花道、弓道、劍道，都可以說是禪的分支。近代劍道大家宮本武藏，與他的高足柳生又壽郎，就是兩位參透了禪的真精神的偉大劍客。

當年，柳生第一次參拜師父的時候，便迫不及待問道：「師父，您是過來人，慧眼如炬。您看，以我根基，何時能練成一流的劍客？」

宮本想了想，著重對他說道：「大概要十年。」

「哇，十年，是不是太久了？」柳生年輕，很想盡快成名，急切說：「師父，我是一個意志堅強的人，如果我加倍努力苦練呢？」

「那麼，得要二十年。」宮本一臉的嚴肅認真。

柳生大惑不解追問：「假如我夜以繼日、廢寢忘食、一刻不停的用功呢？」

「那你三十年也不會成功！」

宮本的話實在令人費解，柳生差點將自己的頭皮撓破，也沒撓出個所以然。他可憐巴巴問道：「師父呀，練習劍道怎麼這樣奇怪？為什麼越努力反而用的時間越長呢？請您告訴我，這是什麼道理？」

宮本諄諄教導他說：「如果你的兩隻眼睛死死盯著『成功』二字，哪裡還能看自己呢？所謂的一流劍客，便要永遠保留一隻眼睛看自己。」

柳生震驚得滿頭大汗，當下頓悟。

【禪悟管理】

所謂「欲速則不達」，不僅僅是一種道理，更是一種智慧，一種思維方式。現代這個快節奏的社會，更需要我們時常審視自己，關照自己的心靈。給心靈留下一定的究竟，智慧的火花才能產生。否則，很可能「窮暮而無歸宿」。

事物都分為「標」和「本」兩個方面，要徹底解決問題，就應當先治本後治標。世界上的事物都是相互聯繫而存在、相互依賴而發展的。一事物的存在和發展依賴於另一事物，那麼後者便是前者的必要條件。如果破壞了後者，前者就會自行消亡。

在經營管理中，有些問題運用一定的手段，可以暫時解決，但是其隱患並未消除。想要真正解決問題，需要做到追根溯源，治標治本。

只有治標治本，才能從根本上解決問題

得到菩提達摩的髓

菩提達摩就要去世了，他召集他的四個弟子到身邊，對他們說：「我的時限快到了。死之前，我想考察一下你們的禪法修行到底達到什麼程度了，請你們將自己所悟到的說給我聽聽吧。」

大弟子首先站起來說：「我們應該不執著文字，也不應捨棄文字，而是應該把文字當作求道的工具。」

菩提達摩遺憾說：「你只得到了我的皮。」

二弟子見此情形，連忙站起來說：「依我所了解的，就像慶喜看到了阿佛國，一見之後便再也見不著了。」

菩提達摩還是搖搖頭：「你只得到我的肉。」

三弟子見大師兄和二師兄的答案都沒讓師父滿意，他稍稍思考了一番，隨後站起來說：「地、水、火、風本來是空的，眼、耳、鼻、舌、根也非實有，整個世界無一法可得。」

菩提達摩的回答是：「你只得到了我的骨。」

還剩最小的弟子了，只見他站起身來，向菩提達摩三拜行禮，然後便站著不動了。眾人見此，哈哈大笑起來，認為小師弟竟然什麼都沒有悟出來，真是可笑。

此時，菩提達摩終於露出了會心的笑容，說道：「你已得到了我的髓。」

禪宗推崇的境界是一種無差別的境界。而這種無差別的境界，首先要超越的，就是語言的限制，因為凡是語言可表達的，必定是有差別的。

小弟子不說不動，已經身與意合，超越了認識與行為之間的差別，達到與禪合一了。所以，他便得到了菩提達摩的髓。

【禪悟管理】

禪的關鍵，首先是要超越一切差別，更關鍵的是，這種超越不能只停留在認識的層次上，而是要明心見性，那才是禪所追求的最高境界。

企業家最重要的管理職責是策略決策與精神導向，當好一名員工心目中的精神領袖、一個公司的首席企業文化設計師、一個劃時代的振興經濟的開拓者，這是任何有遠大抱負的管理者畢生追求的目標。

那麼，現在你需要做的是，從基本的管理工作著手，透過禪的管理方式，將公司員工人性中一些不好的因素篩選，從而提高員工的才能，喚起員工的積極性。

要想辦法促進員工彼此同心協力工作，要讓他們看清公司的共同奮鬥目標，並努力為這一目標而努力工作。

◎◎◎◎◎◎超越一切差別，即可明心見性◎◎◎◎◎◎

禪師多苦行

唐朝東陽清泰寺玄朗法師，是傅大士的第六代嗣孫。常行頭陀苦行，住在山澗旁，別號左溪尊者。自己一個人住一個小房子，認為屋子雖小，可視如法界無量般的寬大，正是華嚴一微塵裡無量剎的心境。四十餘年來，就穿一件七條僧衣，一輩子就一個坐臥寢具，也沒改變。如不是為查經典，絕不隨便點蠟燭；如不是要禮佛拜佛，絕不隨便走動一步。大師要洗缽，則山中群猿爭著捧去洗，大師誦經時，眾鳥都飛到上面來回飛翔，久久不離去。刺史王正容屢次請師入城說法供養，大師都不想去，推託有病不能去。

唐朝通慧法師，三十歲出家。獨入太白山修行而不帶糧食，餓了吃草和野果，渴了就喝水，睡覺靠在樹下，坐禪參研。這樣的日子，過了五年，有一天用木棒打土塊。土塊破了不成形體，豁然開大悟。晚年只穿一條裙子，蓋一件棉被，穿一雙麻鞋，用了二十年之久，衣服縫縫補補，冬天夏天都沒兩樣。

唐朝智則法師，雍州長安人，性情磊落瀟灑，不修邊幅，常披一件破僧衲，裙子只遮到膝蓋上。房內只有一張床，一個用瓦做的缽，一支用木做的匙，其他再也沒有東西了。住的一間房子，也不關門，大家都說他是個瘋狂的人，他聽了感慨萬千說道：「說人家瘋子的人正不知道自己才是瘋子啊！出了家，離了俗，還為了衣食操心，行要穿衣飾遮，住要宅房屏障，門要鎖，箱子要蓋緊……這樣又浪費時間，又擾亂道業，還有收集積蓄種種之財物，整日忙碌而心惶惶，這種人若不算瘋狂，再沒有瘋狂的人了！」

唐朝明州大梅山法常禪師，得到馬祖道一禪師即心即佛的心法要旨後，隱居深山中，沒人知道。管鹽官寫信詔見他，他謝絕不去，回了一偈給鹽官：「我這裡有一個池塘，長滿了荷花，我用荷葉做衣服蔽體，用也用不完。有好幾棵松樹，長滿了松花松果，用以充飢，足足有餘。本以為大家都不知道我的住處，可以獨自清閒修道，沒想到還是讓人找到了，於是我又離開這裡，搬進更深的山裡去住。」

宋朝東京慈受懷深禪師，有一天在參禪放香後小參時刻，開示徒眾說：「大家千萬要忘卻名和利，以恬淡為樂，世間名利心減少了，向道清淨的念頭自然滋長增加。像匾擔和尚，一輩子撿櫟實[3]為食充飢；永嘉大師不吃用鋤頭耕種的菜，因為耕鋤唯恐傷害泥土裡的微小生物，且敬重農夫汗滴禾下土的辛勞；高僧惠休和尚，三十年來只穿一雙鞋子，地面不堅硬時，就打赤腳走路。你們目前衣食不缺，種種享受，還沒餓就吃飯了，還沒冷就加衣了，身體還未弄髒就洗澡了，還未到睡時就睡著了；這樣生死之道還未弄清楚，心境汙染未盡，惑障不斷，憑什麼來消受上述的福報呢？」

【禪悟管理】

這些禪師之所以能夠在道業上取得那樣高的成就，這與其甘願吃苦，拒絕物質享受有著絕對的因果關係。

---

③ 櫟實：圓形，大如拇指頭，端尖銳，在碗狀殼斗內，仁如老蓮肉，可吃，殼斗可染皂色。

反過來，看看我們現在的很多人，事業不管多大，財富不管多少，就行屍走肉一般享受物質生活，與大師們的高風亮節相比，不禁讓我們高山仰止！

自古英雄多磨難，身處逆境，強者和弱者的區別就在於，強者在環境中抓住了機遇，並勇於吃苦創造了奇蹟。而弱者在環境中選擇了隨波逐流，害怕付出而最終放棄。

管理者如能正視苦難，是一種人生的豪邁。善待苦難，苦中作樂，是一種人生的樂趣！

管理者應能吃苦 願吃苦 善吃苦

日本江戶第一染坊

在日本江戶時代，有個最有名的藝妓叫高尾。高尾貌若天仙，精通琴棋書畫，她所接待的客人，只限於諸侯富豪，一般的武士商販絕不敢高攀。

有一個異想天開的染匠老久，深深眷戀著高尾。為實現與高尾見上一面的奢念，他省吃儉用，日夜勞累，三年後存下了十五兩黃金。即便是這樣，以他這種身分也是無法見到高尾的，後來他買通了青樓的管事，終於跟高尾相會。

那一夜的美好時光自不消說。臨別時，高尾說了一句送客的客套話：請再光臨。不料，老久答道：那要三年之後。高尾覺得奇怪，老久就一五一十道出緣由。

高尾大吃一驚，這年輕人為了見她一面，竟然苦熬了三年。高尾深為感動，於是在青樓契約期滿後，沒有隨諸侯富豪從良，而是下嫁給老久。

夫妻倆齊心協力，開辦了全江戶第一的染坊。

【禪悟管理】

這個故事給管理者的啟示是：做企業就是做人，一定要以誠信為本，寧可讓顧客負我，我也絕不可負顧客。

做企業肯定是要以盈利為第一目的，但是這與誠信並不矛盾，而是互相制約互相輔助的。有時候，只要我們肯於付出更多給我們的客戶，往往能帶給我們更多的收益。

以誠信為本，將誠信理念化為各種切實給顧客帶來方便的經營行為，這必會給企業帶來良好口碑，這也比任何冠冕堂皇的廣告詞更能贏得顧客的心。

一個成功的企業家，一個優秀的管理者，都應將誠實守信作為自身最基本的修養和素質。

與君子交要以道義、與顧客交要以誠信

布袋與淨瓶

明朝萬曆年間，明州奉化縣出了遠近聞名的兩個活寶：一個是沿街化緣的布袋和尚；一個是閉關修練的淨瓶居士。他們行為舉止離奇古怪，言辭談吐胡言亂語，但當地人卻把他們當作得道高僧。

這一天，一個自認為飽讀經書的秀才，決定去拜訪他們。他先在一個髒亂無比的巷弄裡遇到了布袋和尚。那個布袋和尚，又矮又胖，像個皮球，正躺在地上酣暢淋漓睡午覺。

秀才邀請布袋和尚去吃飯，他讓店家端上幾盤豐盛的雞鴨魚肉，看布袋和尚怎麼下口。但見那個布袋和尚雙手合十，虔誠念道：「因緣因緣！」拜完之後大吃大喝，毫不避諱，不過他吃每一樣東西都要分出一點扔在布袋裡，對年輕人笑笑。

「這樣子也算是得道高僧嗎？」這令秀才大失所望，又去慕名拜訪另外那個淨瓶居士，希望他能給自己一點有益的啟示。

他推開淨瓶居士房間的門，看見淨瓶居士正在打坐。淨瓶居士抬頭看了年輕人一眼，沒有說話，他提起茶壺往供奉的淨瓶裡倒，水溢出來還不停。

「居士，你的淨瓶已經滿了，怎麼可能倒進茶去呢？」秀才忍不住提醒他說。

「是嗎？」居士繼續倒茶，反問道：「那麼你呢？」

秀才這時候才恍然大悟，忍不住感歎道：「果然是有道高僧！是我當時愚昧了！」

「說來聽聽？」居士淡淡問。

「大師是教我做人謙虛、有容乃大，不要驕傲自滿，為知識所累；我參悟之後，才發現布袋大師也在教我吸取每天的經驗教訓，用心思考。有了你們教給我的這兩個法寶，我就再也不用煩惱了。」

【禪悟管理】

經營管理一個公司，一流的管理經驗固然很重要，但管理者也必須得要有「拿得起，放得下」的態度才行。

對於管理者來說，「拿得起」是指要像故事中的布袋和尚那樣，把每天的工作經驗及教訓都放一點進去，只有這樣才能在長期的累積中，把握住管理的精華。

千萬不要忽略那些管理中的小事，那些看似薄弱的環節，記住：管理無小事！

而「放得下」是指要像淨瓶居士那樣，把無利於管理的那些心理垃圾全部清除乾淨。要捨棄那些陳舊的管理經驗及觀念。

這樣，只有做到既能「拿得起」，又能「放得下」，才能給企業及企業的管理者本身注入新的生命力。

學會合理割捨與保留◎◎◎◎◎◎◎◎◎◎

一休禪師晒經

一休禪師④生於西元一三九四年，是後小松天皇的皇子。因為一休母親的家族與天皇家族關係不和，小一休被趕出皇宮，於六歲時出家到京都的安國寺學習禪宗。他聰明過人、勤奮好學，逐漸被人們所注意。

隨著眼界和思想的開闊，長大後的一休逐漸萌發了對當政者的不滿。當時許多著名寺院都發給修行成功的信徒一份修行證書，但這證書往往不是看誰的修行好，而是誰錢多就給誰。一休十分氣憤，於是拿了一把木劍行走鬧市，大家好奇圍上來詢問究竟，一休諷刺說：「你們的修行就如同這木劍，只能看不能用。」

在這種社會背景下，一休禪師逐漸形成了放蕩不羈的作風，自稱「狂雲子」，頗似中國的濟公和尚。此外，一休十分反對禪宗虛偽的禁欲主義，主張「佛祖心中留」的自由的禪宗，據傳一休與不少名妓有染，對此他的解釋是「名妓談情，高僧講道，實同出一轍」。

在一休七十八歲高齡時，遇到了一名叫森女的盲女，兩人一下子墜入

---

④ 一休禪師（西元一三九四年－一四八一年）法號一休，諱宗純，曾自稱狂雲子、夢閨、瞎驢等。明德年（西元一三九四年）元旦，一休出生。文明十三年（一四八一年），大德寺重建工程大體竣工。十一月二十一日卯時，操勞過度的一休禪師在森女和幾個弟子的看護下病逝，享年八十八歲。

愛河，開始了一場轟轟烈烈的愛情。一休在他所著的《狂雲集》中，赤裸裸記載了與森女的愛情故事，其中的語句據說就連當代的日本人看了也會禁不住臉紅。

一休被視為「瘋狂」的緣由之一，也就在於他無視禪宗禁欲的戒律。他公開聲稱自己「淫酒淫色亦淫詩」，但是，由於他無力挽救禪宗的頹風，只好以似乎瘋狂的行動，以袒露自己的情欲來反對禪宗偽善的禁欲。

一休禪師在比睿山鄉下時，有一天看到一群群的信徒都朝山上走去，原來比睿山上的寺院在晒藏經。傳說晒藏經的時候，如果風從經上吹拂而過，人被這種風吹過，能夠消除災厄，增長智慧，因此聞風而來的人不斷湧向山上去。一休禪師知道了也就說道：「我也要晒藏經！」

說完一休就袒胸露肚躺在草坪上晒太陽，很多要上山的信徒看到了很不以為然，實在太不雅觀了。山上寺院的住持就跑下來勸一休不要如此沒有威儀。

一休非常認真解釋道：「你們晒的藏經是死的，會生蟲，不會活動。我晒的藏經是活的，會說法，會勞動，會吃飯，有智慧者應該知道哪一種藏經才珍貴！」

【禪悟管理】

一休晒經，這種乍似玩世不恭的作風，實在有其至理。在一休眼裡，宇宙真理，無非要從自心中顯露，修行最怕捨本逐末。經只是紙印的，真心才是法，為什麼不照顧自己而只知照顧經書？祈福增慧要知門徑，參禪入佛要知道機要，一切應從用心下手。珍貴的藏經，不是印在紙上，而是印在心上。心上的藏經才能生萬法。

對於管理者而言，不要只知道看看資料、讀報表，而不去認真聽取來自調研人員的前線彙報，這樣必然會造成想當然、做當然的局面，導致消極被動的後果。

◎◎◎◎◎◎心經勝於紙經

保持花鮮的方法

汾陽無德禪師從小天資非凡，對一切文字經常是自然通曉。十四歲時父母相繼去世，於是就出家剃度，雲遊四方，拜訪了七十位名宿鴻儒，到了省念禪師⑤那裡時才開大悟。

省念禪師圓寂後，無德應西河道俗的邀請，住於汾陽太子院，廣說宗要，足不出戶達三十年之久。

有一位虔誠的信徒，每天從花園裡採擷鮮花到寺院供佛，終年不輟，無德禪師非常欣喜，就嘉勉她說：

「你每天都能虔誠以香花供佛，真是難得。經典上記載：常以香花供佛者，來世當得莊嚴相貌的福報呀！」

這位信徒聽了，很是歡喜，就請求禪師繼續開示：「師父呀！我每次來寺中以鮮花禮佛，覺得心裡像甘露水洗過了一樣，清涼而寧靜；可是一回到家裡，面對瑣碎的家務，有時又像陷身火窟一樣，只是焦躁不安。師父呀！請開示我：如何在煩囂的塵世中，保持一顆清淨心呢？」

無德禪師反問：「你知道如何保持花朵的鮮豔嗎？」

信徒回答：「知道啊！只要每天換水，並且剪去下面那一截泡爛的花梗，花就不易凋謝了！」

⑤ 省念禪師，生狄氏、萊州人也。幼棄家、得度於南禪寺。為人生活簡潔、學識淵博。專修頭陀行、誦《法華經》。

無德禪師點頭笑道：「保持一顆清淨心，也是這樣。我們的生活環境像瓶裡的水，我們就是花，要每天淨化身心，多多懺悔反省，去除腐爛的習性，保養清淨的心苗，才是禮佛的真義啊！」

信徒聽了，恍然大悟，很歡喜作禮：「謝謝師父開示，希望以後有機會親近師父，過一段寺院修行生活，享受暮鼓晨鐘、菩提梵唱的寧靜。」

無德禪師笑了，伸指一點：「你的呼吸便是梵唱，脈搏跳動就是鐘鼓，身體便是廟宇，兩耳如同菩提，言語動靜舉手投足間，無處不是寧靜，何必執著於寺院呢？」

【禪悟管理】

的確，我們生活的環境像瓶裡的水，我們就是花，唯有不停的淨化我們的身心，變化我們的氣質，並且不斷懺悔、檢討，改進陋習、缺點，才能不斷吸收到大自然的精華。

反省是自我檢查的好方法，是一種學習的能力，是認識錯誤、改正錯誤的前提。對於管理者來說，反省是學習的重要過程，是必上的功課。

一個管理者是否具有自我反省的能力，有沒有自我反省的精神，決定了管理者能不能認識並改正所犯的錯誤，能不能經營好企業。如果一個管理者能利用抽支菸、喝杯酒的時間來常常反省自己，那一定是一個極為出色的管理者。

一日當三省◎◎◎◎◎

用好你的心

安詳禪的創始人耕雲先生，曾經在軍中任職。有一次，一個預備軍官罹患了精神病，在他那一刻也不肯安寧的心裡，充滿了各種各樣離奇的妄想。他的上級軍官要將他送往精神病院，呈給耕雲先生批准。

作為修行有成的禪者，耕雲先生把那個生病的預備軍官找來，問他信仰什麼宗教？

「基督教。長官。」

耕雲有問：「聖經裡說道：與主同在。什麼是與主同在？」

他一愣，沒有回答上來。於是，耕雲先生讓他在自己的房間裡放上一張行軍床，搬來一張桌子。讓他除了寫「與主同在」的答案，不准做任何事情。於是，那個人就坐在那裡思考答案，想上來之後，寫給耕雲先生看。

耕雲看了一眼，說不對。他就繼續想，然後繼續寫，之後再問耕雲先生。耕雲則一律回答：「不對，不對。」他寫了好幾頁紙的答案，卻總被耕雲先生否決。最後，他急了，站起身來，生氣說：「長官，你這不是故意耍我嗎？這麼多答案，總有一個是對的吧？」

耕雲反問他道：「那麼你說哪個是對的呢？」

他仔細思考起來，這些答案似乎都有一定的道理，卻又都不全面，所以他最後說不出話來了。耕雲見他如此，就告訴他每天和他一起運動並思考這些問題。

這樣，每天，耕雲先生除了一早、一晚帶著他跑步、做各項運動，還逼著他做答案。幾天過後，他的心念都集中在了「什麼是與主同在」的問題上了，排除了一切雜念，精神有逐漸恢復了正常。

【禪悟管理】

其實，耕雲禪師讓他思索「什麼是與主同在」？就是參話頭——一種參禪的方法，一種以疑情為紐帶、將心止在一處的方法。

心的力量，不可思議。不同用心的結果，同樣不可思議。科學家們廢寢忘食思索難題，用的是這顆心；盜賊惦記著將別人手裡的東西弄到手，用的也是這顆心。好人一心向善、壞人一心作惡，都是同一顆心……

開公司、做管理工作、想市場拓展、策略調整等等，需要管理者用一顆管理者的心去思考問題，見目光更多放到與公司發展休戚相關的重要事務上。禪宗祖師說的好，「將心一處，無事不辦」。只要妥善用好自己的這顆心，就一定在繁雜的思緒中尋得解決問題的方法和出路。

◎◎◎◎善用其心，用其善心◎◎◎◎

草僧

寺院附近的山坡上有一個只有半公尺深、也只有半平方公尺的小洞，小洞的口正好朝南，只要是晴天，大半天的時間裡，淺淺的洞底都映照著明媚的陽光。

不知什麼時候，風把一些土壤刮進了洞中，又把一些花草的種子也刮了進來，花草的種子便在潮濕的泥土中生根發芽，葳蕤成長在斜射進來的陽光裡。

更奇妙的是，這個小洞既遮風（尤其是遮寒冷的北風）擋雨，又進不來山洪，一年四季都能保持著濕潤，甚至有冬暖夏涼的奇特現象。

於是，裡面的花草便常年青蔥，就是隆冬季節，也有一些比較耐寒的小野花倔強裝點著它們的山洞。

老方丈就把那些隨遇而安、立身洞穴的花草稱為「草僧」，經常領那些剃度不久的小沙彌們前去參觀。

【禪悟管理】

無論是花草還是人，只要能擁有立足的地方，擁有一片明媚的陽光，就可以生存和發展，甚至可以因地制宜開出奇異的花草、成就非凡的功績。

管理者也應像老方丈一樣，學會隨遇而安處理發生在公司內部的諸多人事方面的瑣事；學會積極引導身邊的、公司的工作人員抓住工作的關鍵著眼點；學會靈活、有效把握人才管理的合理時機，適時的讓受管理人員說出自身的工作感受。

有陽光的地方，就有生機和希望。

香林開示

香林澄遠禪師把悟得禪理、求得解脫看做是識見自性。

有一天，他在法堂上對弟子們說：「你們都是頂天立地的男子漢，是否識得自性？不妨站出來說說看。」眾人面面相覷，無人回答。

禪師說：「既然不識自性，即便走南闖北，雲遊四方，也不過是行屍走肉而已。平常你們在衣食住行之間就沒有悟到什麼是自性？」眾弟子還是默不作聲。

禪師見依然無人回答，便繼續開示道：「你們整日高談，自性始終不生不滅，亦無高下醜惡之分，可知自性空間在何方？如果你們知其下落，也就知道了諸佛解脫之法門。如此一來就會悟道見性，知道自己乃是生命之唯一主人，就能始終不疑慮，言行理直氣壯，任何人都對你奈何不得。好比買田必得契約，無契約則田地不能歸屬於你。無憑無據，田地終究被人奪去。所以參禪學法亦是如此，必定要有自在之心。你們誰有契約？拿來我看。」

說完注視著眾僧，依然無人做答。香林又繼續說下去：「不了解自性，即便學會各種理論，滔滔不絕，口若懸河，也不過是鸚鵡學舌，亦步亦趨。」

【禪悟管理】

修行學禪，要知其精髓，得其根本，方能悟道見性。工作學習也應當抓住根本，得其要領。不要僅僅看到空洞的理論，更重要的是要掌握應用和實踐理論的方法。

在這個急功近利的社會，太多的管理者都熱衷於追求形似的表面文章，而忽略了苦練內功。一些膚淺的公司，為了追求現代化管理，也煞有介事將人事部改名為人力資源部，把計畫部改名為策略研究部，如此等等，做足了表面文章。

《菜根譚》說：「欲做精金美玉的人品，定從烈火中鍛來；思立掀天揭地的事功，須向薄冰上履過。」作為管理者，你追求的是表面上的道貌岸然呢？還是歷經千辛萬苦後的水到渠成呢？

◎◎◎◎ 腳踏實地，忌做表面文章 ◎◎◎◎◎◎

第三章 知人方善任 適才方適用

佛學有云曰：知人、識人應往好處看，往大處想，往細處察，往深處解。

做管理正是如此，正所謂「識不是則多慮，威不足則多怒，信不足則多言，」只有將人與職位兩個因素都考慮周到，才能真正做到對人才的「適才適用」。

為愛情而「還俗」的人

一個年輕人大學期間一直和同班的一位女同學談戀愛，他們那時候兩心相傾，發誓畢業後就登記結婚。終於盼來了畢業的那一天，在年輕人看來，這個畢業典禮簡直就像是他們結婚典禮的一個序幕，女孩也沉浸在無限的幸福想像中。

然而，事與願違，一直滿懷幸福憧憬的小夥子卻不知在什麼時候，發現自己的心上人好像多日不見了。開始他以為可能是心上人有什麼自己要辦理的事情，也就沒有特別緊張，可是一個月過去，還是不見女孩的蹤影，他開始有些驚慌了。

於是，他四處找人打探女孩的下落，轉眼半年過去了，小夥子終於熬不住了，一時間曾經他們戀愛期間的那些海誓山盟，都在他眼裡顯得那麼可笑，他似乎不再相信人世間還有什麼真正的愛情可言。

他跑到距離這個城市二十多公里外的一個寺院，跪在住持面前，請求住持為他削髮剃度。這個住持上下打量他許久，說：「這樣吧，你現在寺院暫時待下，姑且算是本寺的俗家弟子，待時機到來之時，我再考慮為你剃度之事，如何？」

小夥子此刻雖然下定決心要剃髮出家，但見住持嚴肅的表情，似乎又覺得住持說得極有道理，於是點頭答應了。

按照寺院住持的安排，小夥子晚上一直在寺院的後禪房打坐、念經，而白天則和其他僧人一起種菜、擔水。日子就這樣在每日寺院的晨鐘聲與子夜的木魚聲中度過，轉眼幾個月過去了，小夥子開始有些轉變了心態，他似乎開始思念自己的爸爸媽媽了，更準確說，他開始擔心起那個他內心深處永遠不能忘卻的昔日的心上人了。

中午時分，剛剛用過齋飯，住持叫小夥子來禪房見他。小夥子這時候心想，要不然和住持請幾天的假，回家看看父母，順道還能打探一下心上人的消息。

剛一進住持的禪房，就聽住持對他說：「我認為今天是你決定是否削髮剃度的時機了，在你思考這個問題之前，我先告訴你一個事實，那就是你的父母和一個年輕的女孩幾日前曾來這裡找你。」

啊，小夥子一時立在那裡，說不出話來，但分明看得見他的表情是那樣的複雜且異樣。

「師父，我……我……」小夥子說不出話來，此刻表情也顯得更加難堪。

住持微微一笑說：「呵呵，沒關係的，我想你還是回到紅塵中為好，這裡沒有你的機緣所在，你說呢？」

「我想，我想好像您說的有道理。」此時的他，面對住持，也面對著內心深處的自己，再也說不出話來。

幾個月後，小夥子和他的心上人舉行了盛大的婚禮，他們還到這個寺院拜見了住持，並為寺院上香。

原來那個女孩在即將走進婚姻的殿堂之時，幾個好姐妹建議在最後時刻，考驗小夥子對心上人到底有多麼忠誠。可是等到小夥子後來為尋找她而走出了她們的視線時，女孩著急了。她跑到小夥子家裡，對他的父母說明了原委，幾個月後，才終於在那個寺院尋到了小夥子的下落。

而之所以當時在寺院，住持沒有讓小夥子和他們相見，是意在給小夥子一個警醒，是在更深刻的點化他的心靈。

【禪悟管理】

佛經的《律部》說：出家的可以捨戒還俗，還俗不是罪惡，人們都不得輕視還俗之人。出家還是還俗，每個人都有決定的權利。而且還俗後還可以再度出家。

寺院的住持並沒有因為小夥子的前後態度的改變而動怒或者表示輕視，他認為紅塵未了之人還應回到紅塵中去，即使留在寺院，也是在做表面而已。

管理的一個重要原則就是人與職位要相匹配，職位匹配可以使企業增強對員工的吸引力，有利於員工提高工作業績、開發員工的潛能，使整個企業充滿活力。

知人善任是管理者的職責。知人不善任，是資源浪費，勢必造成人才流失，而知人亂任則更是後患無窮。

因此，我們應學會用人之長，避人之短。

廣攬◎慎用◎勤教◎

一棵參天大樹

有個寺院，住著一個老方丈和一群小和尚。

寺院裡的飯桌因為年久失修不能再用了，老方丈便帶著這群徒弟到山下，去挑選一棵大樹好做桌子。他們來到山下的一片樹林，看見一棵大樹生長在土神廟前。這棵大樹，樹身粗過幾十尺，樹幹高過百尺，真是一棵參天大樹啊。

儘管圍觀這棵樹的人多如牛毛，可老方丈視而不見，不停腳向前趕路。徒弟們看見這棵樹，自覺真是大開眼界，卻弄不懂師父不屑一顧的態度，於是追上前去詢問老方丈：「我們跟隨師父參禪悟道這麼久了，從來沒有遇見這麼好的木材，您為什麼一點都不看重它？」

老方丈回答：「這棵樹雖然又粗又高，其實脆而不堅，造船易沉，製棺易腐，做成桌子容易招惹蛀蟲……它正因為沒用，所以才生得這麼大，活得這麼久！」

【禪悟管理】

管理者在聘請人才時，要用老方丈的慧眼，去識別「不材之木」和「真實材料」。真正的人才並不是那些貌似強大、華而不實的傢伙。

要做好人才考察，就要實事求是，做到全面而正確，防止各種不良傾向，切忌主觀片面性。事實上，由於人們受主觀心理因素影響和限制，往往難以全面正確認識人才。因此，要對實際工作中可能出現的諸多不良傾向予以研究並找出實際解決辦法。

在人才招聘中，往往外表出眾的人容易給人留下較深的印象，這在某種程度上來講，似乎無可厚非，但若過了頭，便容易犯錯誤。因為有些人真的是長著一副聰明模樣，但只是「繡花枕頭——好看不好用」。招聘到的人中看不中用，一定會延誤工作甚至給企業帶來不可估量的損失。管理者一定要注意。

察其言，亦察其行，是智者之智

◎◎◎　◎◎◎◎　◎◎◎◎◎

活佛法遠禪師

法遠禪師是寺中首座，負責眾僧的衣食，每日擔水生火、炒菜煮飯，忙忙碌碌。這一年，天旱之災降臨，農田歉收，因此寺裡的供養也就越來越少。僧人們也多是吃了上頓沒下頓，終日飢腸轆轆。

這一天，寺中住持歸省禪師外出化緣去了，門外來了幾個肚子餓得唉唉叫的師兄弟，他們知道法遠禪師為人善良，就湧進廚房哀求道：「我們幾個實在餓得不行了，煮點麵湯給我們吃吧。」法遠見大家餓得可憐，就取出櫃裡儲藏的油麵，開始為大家做起麵湯來。

麵湯剛剛起鍋的時候，住持歸省禪師就回來了，眾僧看情況不對，慌忙逃散而去。歸省禪師徑直走進廚房，厲聲質問法遠：「今日有施主設齋供養大眾嗎？」

法遠低頭回答：「沒有。」

「那……這鍋麵是從哪裡來的？」歸省禪師高聲問道。

法遠輕聲回答道：「我覺得幾個師兄弟近來吃得不好，面黃肌瘦，於是我就把儲藏的應急油麵拿來煮了，請師父原諒。」

歸省禪師神色嚴峻，責備他道：「哼，你倒是一片好心，盜用寺中的應急油麵來做人情。你這是破了本寺的寺規，來人！依清規打他三十大板，逐出寺門。」

法遠接受了懲罰，並想辦法按原價償還了寺中他用去的油麵，接著就離開了寺院。但他並沒有就此下下山，而是在寺院外的一處柴房邊找了個角落棲息下來，每天仍隨眾僧一起上堂聽歸省禪師講法。

就這樣，他在這裡度過了半個春秋。這一天晚上，歸省禪師路過柴房，偶然發現法遠住在這裡，就問法遠：「你住在這裡多久了？」

「已有半年多了。」

「你向寺中交付過房租嗎？」

「沒有。」

「沒有交付房租你怎麼敢在這裡居住，這裡也是寺中財產，要住，就要繳房租。」

法遠聽到這些話，此後經常外出化緣，為人誦經，回來後就用誦經的收入繳交房租。

這一天，歸省禪師上堂講法，他笑著對僧眾說道：「法遠，乃活佛也。」

後來，歸省禪師臨終之前，把自己的衣缽傳給了法遠。

【禪悟管理】

禪是靈活的，變通的。凡事不要墨守成規、拘於教條，只要不違背天地良心，積德行善的行為就用不著猶豫。

作為公司的管理者，要將員工的一言一行真切看在眼裡，並對其言行的正確與否予以適時的指導。如果發現他的某些出發點是為了公司的整體利益著想，但卻違背公司的相關規定，這時，作為一個管理者，你有權利和義務對該員工的行為予以正確的指導，讓他在工作中既能感受到管理者對自己的付出成果的重視，又能真正從公司的根本利益出發，考慮自身行為的利弊所在。

◎◎◎◎◎授人以真經，◎◎◎◎◎指人以正道

道不可道

有一位學僧向慈受禪師①請教「道」的真諦，跟禪師進行了下面的對話：

「禪師，禪者悟道時，能把所悟之道的境界、感受之類的東西透過語言表達出來嗎？」

「既然是悟出來的道，就好比空穴裡捉出來的風，是說不出來其中的微妙的。」

「禪師能形象說明一下悟道又說不出來的情形到底是什麼樣子嗎？」

「就像啞巴吃蜜一樣。」

「禪者沒有悟道的時候，善於言詞，講得頭頭是道，他說的話算不算禪語呢？」

「既然還沒悟道，怎麼能算禪語，不過是鸚鵡學舌罷了。」

「啞巴吃蜜跟鸚鵡學舌到底有什麼不同呢？」

「啞巴吃蜜是知，如人飲水，冷暖自知；鸚鵡學舌是不知，如小兒學話，不解其意。」

---

① 慈受禪師（西元一〇七七年—一一三二年），宋代雲門宗僧，壽春府安徽六安人，遺有《慈受深和尚廣錄》四卷行世。

話到此處，極有心機的學僧突然發問道：「照這麼說，那禪師現在知還是不知呢？」

慈受禪師哈哈大笑道：「我現在猶如啞巴吃黃連，有苦說不出；又好像鸚鵡學舌，講得非常像。你倒是說說，我究竟是知呢，還是不知呢？」

學僧言下拜服，連連道謝說：「多謝禪師指點迷津，弟子感激不盡！」

【禪悟管理】

的確，很多道理不是簡單幾句話就能說得明白的。對於管理工作來講，管理者如何達到良好的管理秩序，如何能夠洞悉員工的一切本性，這就需要管理者依靠自己的一雙慧眼，一顆慧心去自己尋找答案。

人性有消極和積極兩個方面，如何激發出員工人性的積極作用，剔除人性的消極作用，這是每個管理者需要思考的問題。

總之，要依靠管理者自身的智慧，充分實施人性化管理，真正將對員工人性的關注與把握，放在頭等位置上來抓，唯如此，才能提高工作效率，節約管理成本。

把握人情冷暖，洞悉人性善惡

西鄰五子食無愁

有個寺院，由於長期受施主供養，僧眾不免懶散起來，甚至連燒火做飯的事情也不能很好做下去了，這一切都被寺院的住持看在眼裡。

這一天，晚餐剛過，住持趁大家都晚散去，就對僧眾們說道：「我有個故事，想講給你們。」

大家見有故事可聽，都非常高興，靜靜的坐在那裡等住持開講。

住持說：

「在很久以前，有個叫西鄰的老先生，他有五個兒子，大兒子很樸實，二兒子很聰明，三兒子眼睛不好，四兒子腰有毛病是個駝背，五兒子一條腿。大兒子很樸實就叫他務農，二兒子很聰明就叫他經商，三兒子是瞎子就叫他做按摩，四兒子就叫他搓草繩，做一天下來不覺得累，工作效率挺高，要是正常人做這個，他的腰肯定受不了，五兒子一條腿就叫他紡線，以前是紡線車紡線，他把紡線車放在桌子上，他就坐在那個地方，用手搖，工作效率也很高。就是這麼一個與身心障礙俱樂部差不多的家庭，不愁吃，不愁喝。」

住持看了看眾人，接著說道：「有很多家庭都羨慕他們這種絕配的生活和工作方式，但西鄰老先生說：『佛說，能知恥辱，必能成大器；能知己短，必能成完人。』」

故事講完了，住持看了看眾僧，此時已經領悟住持講此故事的真正用意的那些人，已經羞愧得無地自容。

住持說：「好了，大家不要這樣，我們現在的這種狀態，也有一半的責任在我，從明天起，我就給大家重新分配任務，你們意下如何？」

大家都點頭表示同意，高興離去了。

【禪悟管理】

西鄰這位老先生注意發揮每個人的長處。一個家庭尚且如此，一個公司更應這樣奉為用人之道了。

每個人都有長處，管理者要善於發現每一個人的長處，並使他們向著一個目標努力，這樣就一定能成功。有的人不知道他的長處在什麼地方，這就需要別人、需要主管幫助發現他的長處，讓他們向著一個目標努力，他也會成功的。

◎◎◎◎能知己短，必能成完人◎◎◎◎◎

母狐狸趕幼子

小和尚剛剛出家，還沒到寺院幾天，住持就讓他擔水劈柴，做一些在他看來極為辛苦的勞動。漸漸，他的不滿就透過行動表現出來了。

這一天的早晨，小和尚照例又來到柴房，拿起斧頭去劈那些需要劈開的柴禾，劈著劈著，腰痠背痛的感覺就又來了，他見四處無人，就扔掉斧頭，躺在柴堆打瞌睡。

晨風陣陣，從臉上掠過，小鳥也唧唧喳喳在頭頂的枝頭上跳來跳去，他感到一切舒服極了。朦朧中，他感覺到有一個人坐在他的身旁。睜眼一看，竟然是寺院的住持，他嚇得呆在那裡，一時不知如何是好。

住持微笑著撫摸著他的頭說：「是啊，生活多美好啊，再能聽聽有趣的故事，那不是更愜意了嗎？」住持接著給小和尚講起了故事：

沙漠中的狐狸養了一窩小狐狸，小狐狸長到能獨自捕食的時候，母狐狸把牠們統統趕了出去。

小狐狸戀家，不走，母狐狸就又咬又追，毫不留情。小狐狸中有一隻是瞎眼的，但是媽媽也沒有給牠特殊的照顧，照樣把牠趕得遠遠的，因為媽媽知道，沒有誰能養牠一輩子。

小狐狸們從這一天開始長大成人了，那隻瞎了眼睛的小狐狸也終於學會靠嗅覺來覓食。

故事講完了，住持微笑著回頭問小和尚，道：「你知道這個故事的寓意嗎？」

「住持您是讓我也像故事中的那個小狐狸一樣，在從小就體會生活的道理和生存的意義吧？」小和尚回答道。

「嗯，生活處處充滿了禪機，而這些都是從你真正參與到生活中時，才有機會悟得到的。」住持滿臉嚴肅對小和尚說道。

小和尚高興點點頭，再次站起身來，拿起了劈柴的斧頭。

【禪悟管理】

住持講的這個故事告訴我們，管理者培養業務菁英時，也應在適當的培訓之後及時放手。很多管理者總是在對核心人員培訓之後仍舊放心不下，似乎感覺他們總是還差那麼一點點經驗。事實上，這種擔心是多餘的，沒有人可以把自己全部的經驗告訴給他的受訓者，即使毫無保留對他再三叮囑，他仍會在實際工作中犯錯誤的。

但是，要給他們提供這樣一個試錯的過程，要知道，任何一個人才的成長都不是一帆風順的，都是在不斷的挫折和打擊中成長起來的。因為商界同自然界一樣，物競天擇，適者生存。

記住：獨立承擔責任是人才成長的必經之路。

◎◎◎◎知足者富，強行者有志◎◎◎◎◎

讓彌勒佛與韋陀同處一廟

去過廟的人都知道，一進廟門，首先是彌勒佛，笑臉迎客，而在他的北面，則是黑口黑臉的韋陀。但相傳在很久以前，他們並不在同一個廟裡，而是分別掌管不同的廟。

彌勒佛熱情快樂，所以來的人非常多，但他什麼都不在乎，丟三落四，沒有好好管理財務，所以依然入不敷出。而韋陀雖然管帳是一流，但成天扳著臉，太過嚴肅，使得信眾越來越少，最後香火斷絕。

佛祖在查香火的時候發現了這個問題，就將他們倆放在同一個廟裡，由彌勒佛負責公關，笑迎八方客，於是香火大旺。而韋陀鐵面無私、錙銖必較，就讓他負責財務，嚴格把關。在兩人分工合作後，廟裡一派欣欣向榮的景象。

【禪悟管理】

其實在用人大師的眼裡，沒有廢人，正如武功高手，不需名貴寶劍，摘花飛葉即可傷人，關鍵看如何運用。

一個只會造就追隨者的管理者，其成功只能局限於個人直接影響力所及的範圍，當他不再擔任領導者時，他的成功也就會結束。

一個懂得培養其他管理者的管理者就會使其影響力倍增，他和他的手下才會有未來。即使他個人無法繼續扮演領導者角色，他的組織仍會繼續發展壯大。

只有當每代管理者都能不斷發展下一代，並教給他們發展管理者的價值和方法時，才能說是真正獲得了成功。

大師眼裡無廢人

◎◎◎◎◎◎◎

園頭禪師育苗

有一位信徒去拜訪雲峰禪師，在得到雲峰禪師的開示之後，他便來到後花園散步，正好碰到園頭在修剪花草，他便駐足觀看。只見園頭不是把繁茂的枝葉剪去，就是把花草連根拔起，然後再移植到另一盆中，他一下給枯枝澆水，一下又忙著鬆土施肥，十分辛苦。

信徒不解其意，走上前去問他：「園頭禪師！您為什麼將好的枝葉剪去，卻給枯枝敗葉澆水施肥？花草成長很好卻非要把它移入到另一盆中？有這些必要嗎？」

園頭禪師回答道：「照顧花草，就如同育人。人需要怎樣教育，花草就需要怎樣照顧。」

信徒聽後不以為然，他說：「花草樹木，怎可與人相比？」

園頭禪師邊撫弄花草邊解釋說：「照顧花草需要注意以下幾點：

第一，對於看似繁茂，卻生長雜碎的枝葉一定要去其枝蔓、摘其雜葉，免得它們浪費養分。就如同收斂年輕人的囂張氣焰，要去其惡習，納入正軌。

第二，將花連根拔起植入另一盆中，目的是使植物離開貧瘠接觸沃土。就如同使人離開不良環境，到他鄉接觸良師益友一樣。

第三，澆灌枯枝，是因為那些枯枝看似已死，卻蘊藏有無限生機；不要以為不良子弟不可救藥，其實人都有善良的一面，只要悉心照顧，教育得法，一定能夠使其重生。

第四，鬆動泥土，是因為泥土中有種子等待發芽。就如同那些身處逆境而有志向上的學生，為其提供一片土壤，就可能使其有機會茁壯成長！」

信徒聽後不禁為之嘆服，高興說道：「園頭禪師！謝謝您的教誨，你讓我明白了許多育人的道理！」

【禪悟管理】

尺有所短，寸有所長。一位哲人說得好：「垃圾只是放錯了地方的寶貝。」梅雖遜雪三分白，雪卻輸梅一縷香。在育材的時候應該相信：任何一種形式的花草都有用處。

管理者要記住，人各有長，也有其短。人之長處固然值得發揚，而從人之短處挖掘出長處，由善用人之長發展到善去人之短，這才是精通謀略的管理者用人藝術的精華之所在。

管理者應客觀對待那些略有瑕疵的優秀人才，尤其要學會用某種方式剔除其短處，只有這樣才能真正做到人盡其用，用盡其才。

靈活掌握容短護短之度◎◎◎◎◎◎◎◎◎◎

箸與著

一個小和尚因為讀經書不用功而被師父罰他面壁四十八小時。待他面壁完之後，法師為他準備了兩本經書、兩碗菜和飯，並排放在案板上。飢餓難耐的小和尚看見香噴噴的飯菜，哪還顧得了經書，拿起筷子、端起碗，就狼吞虎嚥大吃大喝起來。

此時，站在窗外窺看小和尚行動的師父，長歎一口氣，心想，也只能待他吃飽喝足，再讀那兩本經書的吧。誰知，小和尚吃飽喝足，理也沒理那兩本經書，就甜滋滋打著呼進入了夢鄉。

小和尚一覺醒來後，老師父又罰他七十二小時的面壁。可是，接下來的情景，與前一次一模一樣。老師父實在沒有辦法了，只好對小和尚直言道：「你知道為什麼讓你面壁嗎？是因為你不知道修練、不專心誦讀經文！結果，兩次面壁之後，你還是一心執箸於吃喝，你何時才能執著於經書呢？這箸和著儘管通用，但卻是不同境界啊！」

直到這時，小和尚才羞愧低下了自己的頭。

【禪悟管理】

人生中，不知道有多少人只想到的是腸胃的飢渴，卻很少感覺到心靈的飢渴。現實社會、庸常歲月裡，有的人一生一世也未曾意識到心靈的飢渴。

現實工作中，每個公司都會有一些只知道假意做事混吃混喝的員工，從來不為自己和公司的前景發展而動腦筋。這樣的員工，最經常的表現是，開會不發言，工作不溝通，上班不早到，下班不晚歸。作為一個主管絕不能無視或縱容這些「混吃混喝」的人，那樣只會增加他們的惡劣工作習性，也不利於公司的管理。

儘管很多時候，是由於環境的原因而造成的這些工作人員的大量存在，但人才的使用應講究「寧缺毋濫」，身為管理者，絕不能眼睜睜看著公司毀在這些能力不足、有缺點的人的手裡，甚至將他們擺在一個重要的職位上，這只能加速你的公司破產速度。

◎◎◎◎◎◎◎◎◎◎ 重用那些心靈飢渴的人

專心成就偉業

一個小沙彌，入寺院以來，誦讀經文總是不用心，容易分心，還常常打盹。在老方丈的授意下，寺裡專門為他做了一個心形的坐墊。後來又為他做了一個心形的木魚。

這個原本心猿意馬、遊神不定的小沙彌就真的安下心來，氣定神閒、專心致志了。

後來，當他終於成了高僧、做了法師時，他在一本專著裡寫到：「一個人無論做什麼、無論從事什麼謀生，只有端坐到自己的內心深處，方能心安理得、出神入化，在自己所從事的行業裡，建功立業、出類拔萃。」

後來，他將佛學精神發揚廣大，最終成為該寺院的住持方丈。

【禪悟管理】

只有專心，才能兢兢業業；只有專心，才能心無旁騖。無論做什麼，專心致志是成功的前提。

就管理工作而言，要仔細觀察公司的員工，看他們的工作狀態是否投入。如何他們中的個別人總是不能徹底進入到工作狀態，應學會像故事中的老方丈那樣，為他準備「心型的坐墊」及「心型的木魚」，以保證其快速適應工作環境。

對於那些具有明顯敬業精神的公司成員，要適時予以提拔並委以重任，努力將其培養成公司的核心成員。公司的發展需要專業的人才，但更需要專心做事的員工，這一點，每個管理者更應記牢。

專心的人，才能達到出神入化的境界

老住持選擇接班人

老住持的年紀大了，他打算把自己的衣缽傳給他的弟子。可是在本寺院中有兩名個弟子，讓他始終難以決定到底應把衣缽傳授給誰。

原來，這兩個弟子在僧眾中表現不凡，一個顯得機靈，慧根很深；另一個為人正直，品性忠善。正是這樣，讓即將退位的老住持深感困擾。

為使衣缽不失傳，老住持決定在兩個年輕弟子中選一個做自己的接班人。他在兩個房間分別藏了兩個包裹，事先規定，誰在最短的時間裡找到包裹，並說出包裹裡裝的是什麼，誰就能得到自己的衣缽真傳。

大徒弟不到十分鐘就找到了包裹，並看見了裡面裝的東西是什麼，而二徒弟花了整整半個鐘頭才完成。當人們都以為大徒弟當選時，老住持卻向兩人分別提出了同樣一個問題：「包裹裡面裝的是什麼？」

大徒弟連忙答道：「裡面有兩卷經書，經書裡面還夾了一些銀票，而且放得很整齊。」而二徒弟卻支吾了半天，不好意思說：「我打開包裹只看到了裡面的兩卷經書，而且稍加仔細閱讀，發現是平日沒有誦讀過的經文，但我實在沒有注意裡面是否夾了些銀票。」

老住持當著眾僧侶的面，宣布讓二徒弟繼承他的衣缽。

【禪悟管理】

兩個徒弟找包裹競爭接班人，大徒弟機靈但更多的是把注意力放在事情的表面——銀票，二徒弟欠機靈但做事專注於與自身及寺院發展相關的事物本身——經文。老住持選二徒弟而不選大徒弟，就是因為他把「德」放在第一位，而把「才」放在第二位。

每一個公司都想選用最好的員工，但什麼才是最好的，你必須有一個明確的標準。必須為此付出很多的時間，而這是必須的，尋找最合適的員工可以讓你以後少遇麻煩，可以使你感到得心應手。

有德之人才能行有德之事
◎◎◎◎◎◎◎◎◎◎

本性

一隻小母貓愛上了一位英俊的青年，就向菩薩祈禱，請求把牠變成人的樣子。菩薩被牠的真情感動，就把牠變成了一個美麗的少女。青年看到這位少女，一見鍾情，兩人彼此愛慕，就結為了夫妻。

有一天，菩薩想試探貓在變成人後，性格有沒有改變，就在房間裡放進一隻老鼠。這時，貓忘記自己已經是人，就從床上跳了下來，敏捷捉住了那隻老鼠，放進嘴裡吃掉。

菩薩看了長歎一聲，便將牠恢復成原來的樣子了。

【禪悟管理】

江山易改，本性難移，染色的烏鴉經不起雨水的沖洗。要了解一個人的本性，須從他日常待人處事的細節上觀察，不可只看外表，就貿然下結論。

得人才者得天下，要想得到人才，就得先會識別人才。識別人才的方法之多，數不勝數。但從細微之處識別一個人的品性才華，無疑是一種準確、快捷且無須投入太多成本的方法。

日常生活、工作中的細節，最能體現人的心靈深處的意志和自身的修養，而這種心靈深處的東西往往會決定一個人日後的成就有多大。

管理者要學會從別人不留意的細微之處來觀察、辨別一個人是否是人才。

細節是辨別人才的最佳方法

◎◎◎◎◎◎◎◎◎◎◎◎

守財奴

從前，在一個小城鎮住著一個守財奴，他平時只吃些粗糧、喝冷水，從不多花一分錢，一年四季衣衫襤褸。凡是賺到的錢不論多少，他都一點點儲存起來，盼著積少成多，有朝一日家財萬貫。

有一天，守財奴拿出所有的積蓄，點了一遍又一遍，發覺真不少了，就買了一塊大金元寶。那天晚上，他擔心金元寶被人偷走，一整夜抱著金元寶不敢入睡。最後，他終於想出了一個萬無一失的辦法。

天還濛濛亮時，守財奴在院子裡挖了一個足足三尺深的深坑，把金元寶埋了進去，又在上邊蓋了些苔蘚。這樣，即使竊賊潛入他家，也絕對不可能知道他的寶貝藏在哪裡。

每隔幾天，守財奴總要挖開土，從坑裡取出金元寶，捧在手裡，愛不釋手把玩上老半天，然後，再心滿意足重新把它埋好。

誰知，有一個人無意間發現了守財奴正在埋金元寶。一天夜裡，他趁守財奴在熟睡之時，悄然無聲潛進院子，挖出了金元寶，然後又填上了土，蓋上苔甦，恢復了原樣。

第二天，當守財奴又一次挖開坑時，發覺他的財寶不翼而飛了，不禁捶胸頓足，號啕大哭起來。

一位僧人路過，當他得知事情的來龍去脈後，不由得笑了起來，安慰守財奴道：「你這個傻瓜，原來是為這件事傷心啊，那太不值得了！其實，你想想，當你有金元寶的時候，你難道真的把它派上用場了嗎？並沒有，因為你把它埋到了泥土裡。它和一塊石頭沒什麼兩樣，所以，你大可不必難過，你去把一塊石頭埋在那坑裡，當它是金子，每天把玩不就好了！反正，你又不想用金元寶，泥坑裡埋金元寶和埋石頭對你有什麼區別呢？」

【禪悟管理】

金子沒有派上用場，它就和一塊石頭沒有兩樣。真正愛惜一樣東西，就要使之發揮自己的作用，而不是將之深藏不露。

公司用人也是同樣道理。員工的最大價值在於：他把安置在最適合發揮其才能的職位上，把重任交付給他，甚至放心讓他擔負起一定的風險。否則，將人才擱置不用，雖然美其名曰「愛惜人才」，其實是浪費人才。更不用說，將潛力好的員工當一般員工來對待，枉費了當初苦苦求才所做出的努力，也荒廢了人才。

要對真正的人才委以重任
◎◎◎◎◎◎◎◎◎◎

最亮的星星

星斗滿天的深夜，小和尚跟老和尚打坐參禪。小和尚低聲問老和尚：「師父，我聽人說，每個人在天上都有一顆星星，可怎樣才能知道哪顆星星屬於自己呢？」

老和尚沉思片刻，望著窗外的星空說：「看到了吧，今天最亮的那顆星星，就是你的。」

小和尚笑了說：「師父怎麼知道的？」

「因為你今天動腦筋了，思考了。」老和尚認真說，「人的思想是生命和靈魂的火花。人一思考，生命和靈魂就會變得燦爛，屬於你的那顆星星就會格外明亮。」

小和尚若有所悟說：「看來，人得愛動腦筋，善於學習，熱愛思考……」

【禪悟管理】

如果黑夜的上空沒有星光，是多麼的寂寥和淒涼；如果頭腦中沒有思考和學習的方向，又將是多麼的無聊和哀傷。

學習並思考，是現代公司搶占生存與發展先機的必然選擇，善於學習的公司獲得的發展機會要遠遠多於、優於學習能力差的公司。

所以，你所能做的就是給員工提供各種各樣的學習機會，激勵他們前進，為此你必須投入大量的時間、精力和資源，必須進行無休止的探索。探索不止，公司發展的機會也就無窮無盡。

發現和培養公司裡的那些閃亮的星星

◎◎◎◎◎◎◎◎◎◎◎◎◎◎◎◎

第四章 個人如散沙 團隊似大海

以眾人之心志為心志，則能通眾人之願望；以眾人之耳目為耳目，則能盡眾人之情理。

個人永遠如同沙漠中的一粒散沙，隨風飄擺、隨丘移動；而團隊的力量勢如大海，熱情洶湧、力量無窮。

管理應以團隊精神為主，激發團隊工作熱情，時刻牢記：沒有團隊精神，事業主管者必將孤掌難鳴，英雄難敵四手。

被各個擊破的三頭水牛

黃昏時刻，老禪師領著小和尚在一個山坡前席地而坐，欣賞著無限的落日輝映下的朵朵彩雲。不遠處的一棵枯樹上，兩隻黃鸝為爭奪一條毛毛蟲而拼鬥個不停，小和尚看著好玩，就拖著腮，饒有興趣看了起來。

其中一隻黃鸝不小心把銜在喙裡的毛毛蟲掉落出來，掉到了地上。兩隻黃鸝開始互相用喙去叨咬對方。等到一隻黃鸝終於打贏另一隻黃鸝之後，開始在地上尋找那只掉落的毛毛蟲，哪知道毛毛蟲早就不見蹤影了。

這一切被小和尚看在眼裡，就在兩隻黃鸝鬥個你死我活的時候，掉在地上的毛毛蟲卻被一群螞蟻飛快拖到了蟻穴之中。

小和尚拍手哈哈大笑，說：「真是太好玩了。」

老禪師看在眼裡，說：「你除了看見了好玩，還看見了其他什麼沒有？」

小和尚被問得愣在那裡，搖頭表示不知。

這時候，老禪師擺正身子對小和尚說：「講個故事給你聽吧，但願聽完故事，你就會有所感悟了。」

老禪師於是便給小和尚講起了一個故事：

從前，有三頭水牛，牠們在一片草地上生活了很長時間，儘管牠們吃住在一起，但彼此從不說話。

一天，一頭獅子路過這裡，看到了水牛。獅子已經飢腸轆轆，但牠知道不能同時向著三頭水牛發起進攻，因為三頭水牛在一起，力量遠遠超過牠，會被牠們牛角撞死。

因此，獅子每次只接近一頭水牛。由於水牛不知道彼此在做什麼，沒有看出獅子要將牠們分而食之的計謀。

獅子的詭計得逞了，三頭水牛各自奮戰，最後被各個擊破。

就這樣，獅子打敗了三頭水牛，飽餐了好幾頓。

故事講完了，小和尚若有所悟點了點頭。

【禪悟管理】

老禪師講給小和尚的故事說明：團結就是力量，團結是抵禦外敵的前提條件。

觀察、分析一支團隊取得成功的經歷，你會發現團結向上的團隊總有一些共同的特點：

（1）不自我封閉

團隊成員們越了解整個團隊的目標和行動方向，就越能相互理解。他們越相互理解，就越能關心他人，關心整個團隊。一個有感情、善於溝通、能廣泛聯繫他人的隊員是團隊的財富。

（2）注意那些可能出現麻煩的關係

良好的關係需要花經歷去培養，要特別注意那些可能出現麻煩的關係。正如亞里斯多德所說的：「友情是一個慢熟的果子。」

（3）將重要的交流記下來

越難的交流就越需要清楚簡練用筆紙記錄下來，這不奇怪，這有點像新婚誓言、球隊日誌、商業合約。

當與隊友進行交流變得越來越重要的時候，你就會發現如果以前曾記錄過這些情況，交流就會更加容易。

◎◎◎◎◎◎◎◎◎◎團結才能抵禦一切外敵◎◎◎◎◎◎◎◎◎◎

最有價值的金人

古時候，曾經有個小國到中國當時的朝廷來進貢，進貢的物品是三個一模一樣的金人。三個小金人金碧輝煌，把皇帝高興壞了。可是這小國的使者似乎有意刁難他們，進貢的同時也出了一道題目：這三個金人哪個最有價值？

皇帝想了許多的辦法，請來珠寶匠檢查，稱重量，看做工，都是一模一樣的。怎麼辦？使者還等著回去彙報呢。泱泱大國，不會連這個小事都不懂吧？

最後，有一位退位的老大臣稟告皇帝說，他認識一位老禪師，把他請來一定有辦法。

老禪師請來了，皇帝將他請到大殿正中。

老禪師胸有成足拿著三根稻草。他先將稻草插入第一個金人的耳朵裡，結果稻草從另一邊耳朵出來了。之後再插入第二個金人的耳朵裡，結果稻草從金人的嘴巴裡直接掉出來。最後，他將第三根稻草插進第三個金人的耳朵裡，結果稻草進去後掉進了肚子。

當這一切做完之後，老禪師對那進貢的使者連及文武百官，說道：第三個金人最有價值！

進貢的使者默默無語，答案正確。

【禪悟管理】

第三個金人代表了真正能聽取他人意見和建議的人，是最有價值的人，這樣的人以自己的行為回應了那些提出有價值的想法的人，同時也由於謙虛和真誠而使自己得到他人的信賴。

管理者也應注意觀察，在你的團隊中，是不是有少數一些人，他們不僅將自己的想法貢獻出來，還將別人的建議聽到心裡去，並本著負責任的態度，將有價值的建議體現在自己的行動中。

擁有這樣的員工是公司的福分，當然越多越好，我們應用心並及時發現這樣的團隊成員。

◎◎◎◎◎◎◎◎◎◎◎◎以眾人之智慧解決實際問題

廟的興衰

有一天，三個和尚在一間廟裡相遇。

「這廟為什麼荒廢了？」

不知是誰提出的問題。

「必定是和尚不虔誠，所以菩薩不靈。」甲和尚說。

「必定是和尚不勤快，所以廟堂不修。」乙和尚說。

「必定是和尚不恭敬，所以香客不多。」丙和尚說。

三人爭執不下，最後決定何不留下各盡所能，看看誰做的最好。於是甲和尚虔心禮佛，乙和尚重修廟堂，丙和尚化緣講經。不久後，香火鼎盛，訪客不絕，破廟又恢復了往日盛況。

「都因為我禮佛虔心，所以菩薩顯靈。」甲和尚說。

「都因為我重修廟堂，所以廟宇堂皇。」乙和尚說。

「都因為我講經化緣，所以香客眾多。」丙和尚說。

從此，三人日夜爭執不休，廟裡的盛況又逐漸消失了。

【禪悟管理】

每個人都不可能離開他人而獨自生存。真愛是需要付出行動的，要願意伸出自己的雙手，去幫助另一個人的成長。這樣，自己也會成長。

三個和尚都沒有明白，是他們齊心協力才創造了團隊的合作效果，使寺院香火旺盛。同時，也是他們的各自為政、想以個體凌駕於整體之上的錯誤做法又導致了寺廟的衰敗。

團隊中擁有不同才能的人，本是團隊之基本要求，但若團隊因分工而無法合作，或不知個人的職責，就無法完成企業的共同目標，彼此間或爭功或推卸責任，不知為何而戰？為誰而戰？那企業終將面臨難以發展的困境。

◎◎◎救人者，◎◎◎人自救

三個廟的三個和尚

有三間廟，這三間廟離河邊都比較遠。怎麼解決喝水問題呢？

第一間廟，和尚挑水路比較長，一天挑了一缸就累了，不做了。於是三個和尚商量，我們接力賽吧，每人挑一段。第一個和尚從河邊挑到半路，停下來休息。第二個和尚繼續挑，又轉給第三個和尚，挑到廟裡倒進缸裡去，空桶回來再接著挑。這樣接力賽，就從早到晚不停的挑，大家都不累，水缸很快就滿了。

第二間廟，老和尚把三個徒弟叫來，說我們立下了新的廟規，引進競爭機制。三個和尚都去挑水，誰挑得水多，晚上吃飯加一道菜；誰挑得水少，吃白飯，沒菜。三個和尚拼命去挑，一下水缸就滿了。

第三間廟，三個小和尚商量，天天挑水太累，我們想辦法。山上有竹子，把竹子砍下來連在一起，竹子中心是空的，然後買一個汲水轆轤。第一個和尚把一桶水搖上去，第二個和尚專管倒水，第三個和尚休息。三個人輪流換班，一下水缸就滿了。

【禪悟管理】

第一間廟的團結協作的方法，是機制創新。

第二間廟的競爭最終形成的辦法，是管理創新。第三間廟的輪流換班的方法，是技術創新。

這個故事使我們看到了團隊精神的獨特魅力。究竟是什麼原因，使得三間廟裡的和尚可以不是因為自己單方面的需要而如此賣命工作呢？

這就是團隊合作的概念，是它發揮決定性的作用。這種把個人歸屬於團體的團隊意識，使員工們工作熱情更高、工作體驗更深，從而也使他們的生活更具價值。這種報效公司的精神是只有協同合作才能製造出的一種觸動人類心靈深處的某種東西，員工從內心深處發出的「同甘共苦、精神與共」的吶喊。

所以，最重要的是讓人們感覺到自己真正置身於一個彼此相互尊敬、相互信任、志同道合、宛如一個大家庭似的團隊之中。

換言之，除非員工們都感到自己亦為團隊之一員。否則，生產效率就難以維持。

◎團隊能使更多人的主見變成現實◎◎◎◎◎◎◎◎◎◎◎◎◎

讚美是最好的一帖良藥

南非有一個古老的寺廟，這間寺廟保留了一個古老的傳統，那就是當寺廟裡有人做錯事或做了對不起別人的事情的時候，這間寺廟裡的人對他不是批評或指責，而是全村人將他團團圍住，每個人一定要說出一件這個人做過的好事，或者是他的優點。

寺廟裡的每個人都要說，不論方丈還是小弟子，也不論時間長短，一直到再也找不出他的一點點優點或一件好事。

犯錯的人人站在那裡，一開始心裡忐忑不安，或懷有恐懼、內疚，最後被眾人的讚美感動得涕淚橫流。眾人那真誠的讚美和誇獎，就如一帖良藥，洗滌掉他的壞念頭和壞行為，使他再也不會犯以前犯過的錯誤。

【禪悟管理】

讚美是人際關係走向融洽的法寶之一，人人都需要讚美，但卻往往忽視讚美。團隊的每個成員尤其是管理者更應當學會鼓勵和讚美。

要想使讚美得到良好的效果，管理者包括團隊成員，都必須更好提高自身的素質，使讚美建立在深厚的基礎上。把讚美列為每天的行程，因為讚美本身就有著一種愉悅的氣氛，所以久而久之，會形成一種活躍的小環境。

在這樣的團隊中，人們既會明確、強化自身的長處，還會明確學習別人的長處，向共同提高的方向靠攏。個體呈擴散狀，向多樣化發展；集體呈聚攏狀，向一致化發展。這對整個團隊來說，是極為有利的。

團隊表揚越具體，越能達到鼓勵的目的

◎◎◎◎◎◎◎　◎◎◎◎◎◎◎◎

用心開鎖

一把堅實的大鎖掛在大門上，一根鐵棒費了九牛二虎之力，還是無法將它撬開。

鑰匙來了，他瘦小的身子鑽進鎖孔，他只是輕輕一轉身子，那大鎖就「啪」的一聲打開了。

鐵棒奇怪問：「為什麼我費了那麼大的力氣也打不開，而你卻輕而易舉就把它打開了呢？」

鑰匙說：「因為我最了解他的心。」

每個人的心，都像上了鎖的大門，任你再粗的鐵棒也撬不開。

【禪悟管理】

其實每一個團隊領導者在實踐中，當和其他團隊成員溝通不順暢的時候，問問自己，是不是真的用心了。

當商人埋怨客戶不好應付的時候，問問自己，是不是真的用心了。

當銷售人員責怪市場不好做的時候，問問自己，是不是真的用心了！

在這裡，用不用心不是自己說，我用心了就可以，而是，那個對方是不是收到了你的用心，換句話說，結果告訴你，你是不是真的用心了，也只有結果是可以看到的。

用心才能做到第一

一支筷子與一副筷子

有一位老方丈就要圓寂了，他對自己的弟子們說道：「我的弟子們啊，來看一看，你們是否能折斷這副筷子？你們試過之後我將會給你們解釋一下與它們連在一起的祕密。」

有個力氣很大的弟子走過來，把這副筷子拿了過去，用盡了全力，但沒把這副筷子折斷。

又有一個身體很健壯的弟子走了上來，也試了試，但也是白費力氣。第三個弟子也上來試了試，也沒有成功。這副筷子竟然三個人都沒辦法折斷。

這時，老方丈說道：「你們真是些沒有力氣的人！現在讓我來示範給你們看看，遇到這類情況，我能用我的力氣來做些什麼吧。」

在場的眾弟子都笑了，以為他在開玩笑。但是在場的人卻都錯了。老方丈把這副筷子拆開，然後毫不費力將它們一一折斷。老方丈又說道：「你們看到了吧，這就是團結的力量。我的弟子們啊，願師兄師弟之間的情誼把你們聯合起來。請你們答應我，你們之間將親密無間。但願我在臨死之時，能聽到你們的這個承諾。」

眾弟子都跪倒在地，哭著向老方丈做了保證。老方丈微笑看了眾人一眼，盤膝而逝。

【禪悟管理】

團隊猶如一副筷子，每個團隊成員都好似是一支筷子，而一支筷子是很容易折斷的，必須將所有單支的筷子合攏在一起，才能發揮其最大的效能。

團隊中擁有不同才能的人，他們是單支的筷子，技藝再怎麼高超、才智再怎麼過人，如果沒能團結協作起來，還是沒辦法實現「一副筷子」的力量，發揮不出1＋1＞2的功效。

失去夥伴，就將失去整個世界
◎◎◎◎　◎◎◎◎◎◎◎◎

超渡亡妻

寺院的附近有一位村民，其妻因病去世，他於是請寺院裡的無緣禪師來家中為亡妻誦經超渡。

佛事進行完畢以後，村民悄聲問道：「禪師！你認為我的太太能從這次佛事中得到利益嗎？」

無緣禪師如實說道：「當然！佛法如滄海渡船，日光普照，你的太太和一切眾生無不得益。」

村民聽後有些不滿說道：「我的夫人生性嬌弱，如果其他眾生占她便宜，奪她功德那將如何是好？您還是單單為她一人誦經超渡，不要回向[1]給其他的眾生了吧！」

無緣禪師感歎村民如此自私，但仍然慈悲開導他：「回轉自己的功德以走向他人，使每一眾生均霑法益，這才是精妙的修禪之道。『回向』有回事向理、回因向果、回小向大的內容，如同天上太陽一個，萬物皆蒙其光輝。你應該用你的慈悲之心點燃這一根蠟燭，去引燃千千萬萬支的蠟燭，不僅周圍光亮增加

---

① 回向：回向的「回」，為回轉的意思，「向」為趨向的意思。佛事活動中的回向發願活動，是一種佛家禮儀活動，多用來超渡死去的人。

百千萬倍，而本身的這支蠟燭，並不因此減少亮光。如果人人都能抱有如此想法，則我們微小的自身，常會因千萬人的回向，而蒙受無量的功德，我們何樂而不為呢？」

村民聽後有所開悟，最終打消了當初的那些念頭。

【禪悟管理】

為人處事不要只顧個人利益，與人方便就是給自己方便，利人最終也會利己。

一塊磚石單獨放在那裡是永遠也發揮不了作用的。個人的力量是微不足道的，離開了團體，個人的存在又有多大的意義呢？

那麼，在公司中如何加強與同事間的合作，提高自己的團隊合作精神呢？

第一、要善於交流。

第二、要平等友善。

第三、要積極樂觀。

第四、要有創造能力。

第五、要虛心接受批評。

一個團隊、一個團體，對於一個人的影響十分巨大。善於合作，有優秀團隊意識的人，整個團隊也能帶給他無窮的收益。

個人成長要靠團隊支持

◎◎◎◎◎◎◎◎◎◎

解脫的途徑

一個年輕的和尚，在化緣回來的路上被蒙面人綁架，雙手被死死捆在身後，雙腳也被綁得牢牢的，站都無法站起來。後來，眼也被蒙上了，嘴也被堵住了，關進一間牆壁濕漉漉的屋子裡。

這時，他感到自己被扔在了一個牆角處，他氣憤、恐怖，又萬分無奈，甚至感到一種陰森森的死亡的氣息。

可是，就在他掙扎了一陣，終於筋疲力盡、徹底絕望時，他聽到身邊不遠處也有掙扎、喘氣的聲音。於是，他一點點的朝那個有聲音的方向挪動。

當他終於接觸到另一個同樣被綁架的人時，他感到了一種求生的希望。他憑感覺馬上挪動到與那人背靠背，然後開始用自己尚能活動的手指尋找那個人手腕上的繩頭。

經過一翻努力，他真的解開了那人手腕上的繩子。那人的雙手解脫之後，馬上扯掉了他倆蒙上的眼罩，接著又把他的雙手解開。二人接著解開了各自的雙腳。更令二人驚喜和感慨的是，他們二人是同一座寺院裡的和尚。

二人配合默契打開了房間的後窗，並先後從後窗裡爬出去，獲得了自由身，跑回了寺院，雙雙得救了。

當二人驚魂未定去向老方丈述說他們的遭遇時，老方丈微笑著，又不無神祕說：「你們二人在危難之際悟出找到了解脫的途徑，祝賀你們倆……明天，就由你們二人去幫助另外兩個師弟開悟吧。」

說完，方丈把兩個眼罩和四條繩子交給他們二人。

【禪悟管理】

危險之際，年輕的和尚是靠幫助別人解脫來解脫自己的。

我們人類本身就是社會性很強的，人與人之間只有互助合作才能共同生存和發展，單獨的個人是無法立足的，幫助別人本來就是我們的生存法則。那些極端自私的人會逐漸被他人和社會所拋棄。

在競爭激烈的職場中，我們在工作上需要與他人相互溝通才能克服困難解脫自己，在精神和思想上的解脫則更需要透過別人來實現。

人在思想上、精神上總是要透過人際之間發生關係才能得到成就感和幸福感的。封閉自己只能是畫地自限、作繭自縛，只顧自己是無所謂精神上的解脫的。這是人的天性。

幫助別人就是幫助自己

◎◎◎◎◎◎◎◎◎◎

為黃金而死去的兩個朋友

黃昏時分，兩個好友相伴到林邊散步。這時，一位僧人驚慌失措從樹林中跑了出來，兩位朋友見狀，便問那個僧人：「出了什麼事情，你因何這樣慌張？」

僧人連忙告訴他們：「我正在樹林裡挖藥材，卻突然挖出了一罈黃金。」

兩個人聽後，不僅哈哈大笑起來：「我們還以為出了什麼亂子了呢，挖出了黃金是好事啊，你有什麼可怕的，你可真是愚蠢至極。」

「你在哪裡發現的黃金？告訴我們吧，我們不害怕！」兩個人不約而同說道。

僧人一臉恐懼的表情，說：「這東西會害人的，難道你們不怕？」

「不怕，你就快告訴我們黃金在什麼地方吧。」兩人又異口同聲說道。

僧人說：「就在樹林最茂密處的那棵最粗的松樹下面。」兩個朋友立刻按照僧人說明的地方去找，果然發現了一鐔黃金。

兩個好朋友一見到黃金，不禁喜上眉梢：「黃金會害人？哈哈哈！」

「現在我們要想辦法把這鐔黃金運回家去。」其中一個朋友說，「不過現在天還太亮，容易被人發現，還是等天黑了再說吧。我先留在這裡，你回去拿些飯菜來，我們在這裡吃晚餐，然後等到夜黑人少的時候再把黃金運回家去。」另一個人就去準備飯菜去了。

留下的那個人就開始思索：「這麼多黃金如果都是我自己的，那該有多好啊。我這一輩子就吃穿不愁了，還能結交更上層的人物，還用得著和他做朋友嗎？哼，等他回來，我非看準時機一棒子打死他不可。」

而回去準備晚餐的那個人也在想：「等我回去自己先吃飽飯，然後在他的飯菜裡下些毒藥。他死了，所有的黃金就都歸我一個人所有了。」

那位朋友提著飯菜剛到樹林裡，就被樹林裡暗中等候的那個朋友，從背後用木棒打死了。

這個人看了看送來的香噴噴的飯菜，狼吞虎嚥吃了起來。不一會就一命嗚呼了。臨死的時候，他想起了那位僧人的話，似乎悟到了些什麼，但是後悔已經晚了。

【禪悟管理】

真是「人為財死，鳥為食亡」！是貪婪最終把兩位本來很要好的朋友推向了滅亡，是貪婪把最親密的朋友變成了最殘酷的敵人。

這個故事給我們的管理啟示是：很多利益是屬於團隊整體的，但凡任何一個成員存在私心，在利益分配上出現歧義，那所受損的一定是每個團隊成員。

因此，每個團隊成員都應將集體的利益看做最大的利益。當個人的利益與集體利益發生矛盾的時候，團隊成員所能、所應、所要做的必須是絕對的犧牲與服從！

◎◎◎◎◎◎◎◎◎◎◎◎◎共同的利益高於一切私人利益

方丈眼裡的東西

宋朝著名詩人蘇東坡在年輕時，是個自恃學識淵博、心高氣傲的人。

有一次，他在一個寺廟裡看見一位方丈正在合十打坐，蘇東坡就走上前去，對方丈說：「你知道你在我眼裡像什麼嗎？」

方丈問：「像什麼？」

蘇東坡說：「一堆牛糞。」

方丈說：「你知道你在我眼裡像什麼嗎？」

蘇東坡反問道：「像什麼？」

方丈答道：「像一座金光燦燦的佛像。」

蘇東坡一聽，得意將此事告訴了蘇小妹。蘇小妹聽罷，臉色一沉說道：

「哥哥呀，你這回可是吃大虧了。」

蘇東坡不解道：「此話怎講？」

蘇小妹徐徐說道：「你想呀，你把方丈比做是一堆牛糞，說明你心裡黑暗、齷齪，而方丈一心向佛，六根清淨、心無雜念，所以什麼在他眼裡都是佛像。」

蘇東坡聽後，自感慚愧。

【禪悟管理】

方丈的問與答之間，既顯示出了大師的大家風範，也讓自恃清高的蘇東坡心服口服，同時更增進了與大師之間的這種互敬、互信的人際關係。

在團隊裡，只要營造了民主、開放、互信、進取向上的工作氛圍，每個人都會受到感染和激勵，以至全身心投入於工作中。

如果團隊管理者根本不相信自己的員工，認為他們都是好逸惡勞、不求上進的，實施嚴格的監管、責罰，而不是正向激勵，出現的結果必然會像其想像的那樣。

要使一個團隊創出佳績，就要善加運用愛。

愛，是最偉大的力量

◎◎◎◎◎◎◎◎

用嘴救人

一群人到山上去打獵，一個獵人不小心掉進了很深的坑洞裡，他的右手和雙腳都摔斷了，只剩下一隻健全的左手。

坑洞非常深，又很陡峭，地面上的人束手無策，只能在上面喊叫。

萬幸的是，坑洞的壁上長了一些草，那個獵人就用左手撐住洞壁，嘴巴咬住草，慢慢向上爬。

地面上的人透過微光，看不清洞裡，只能大聲為他加油。

等到看清他身處險境，嘴巴咬著小草向上爬時，忍不住討論起來。

「哎呀，他這樣一定爬不上來了。」

「情況真糟，他的手腳都斷了，怎麼爬呀？」

「對呀，那些小草根本就不可能撐住他的身體啊！」

「真可惜！他如果摔下去死了，留下龐大的家產就無緣享用了。」

「他的老母親和妻子可怎麼辦好啊！」

落入坑洞的獵人實在忍無可忍了，就在他拼盡了最後的力氣，就要被迫放棄之時，一條很長的、用布擰成的繩子停在了他的頭的上方。他抓住布繩子，用力爬了上來。

原來，是雲遊的一個禪師路經此地，看到這一情景後，迅速將自己的僧袍撕扯開，擰成了一條布繩，將他拉了上來。

這時，地面上的人又議論起來：「老天真是有眼啊，要不是有出家人在此，他肯定是沒救了，還真虧了老師父的搭救之恩吶！」

老禪師斜眼看了看旁邊議論紛紛的那些人，雙掌合一，一聲「阿彌陀佛」，道：「你們這些可憐的人啊，請記住吧，『用嘴救人』是無濟於事的。」說罷，拂袖而去。

【禪悟管理】

只有在困境中的慈愛與關懷，才可以救人；在困境中的議論與批評，只會使人陷入更深的絕境。

當團隊成員陷入困境、遭受打擊時，最重要的是給予他人鼓勵與肯定，重新燃起希望的火焰，而不是在一旁看笑話，潑冷水，說風涼話。

◎行動比承諾更重要◎◎◎◎◎◎◎

團結渡水的螞蟻團隊

黃昏時候，山頂上的洪水突然爆發了。山上的寺院，頃刻變成了一片汪洋。

清晨，受災的和尚們，三三兩兩站在堤上，無奈凝望著水中的家園。忽然，有個小和尚驚呼：「看，那是什麼？」只見一個黑球，正順著波浪飄過來，一沉一浮，像是一個人！有人「嗖」跳下水去，很快就靠近了黑球，但見他只停了一下，就掉頭回游，轉瞬上了岸。「一個『蟻球』。」那個和尚說。「蟻球？」眾僧人不解。

說話間，蟻球正飄過來，越來越近，原來，是一個足球大小的蟻球！黑乎乎的螞蟻緊緊抱在一起。風浪波湧，不斷有小團螞蟻被波浪頭打掉，像鐵器上的油漆片剝離開去。眾僧們看得目瞪口呆。

蟻球靠岸了。螞蟻一層層散開，像打開的登陸艇。蟻群迅速而秩序井然的一排排沖上堤岸，勝利登陸。岸邊的水中，仍留下不小的一團蟻球，那是英勇的犧牲者，它們再也爬不上來了，但它們的屍體，仍然緊緊抱在一起。

這時，久久佇立在殘破的寺院之外的住持，雙手合十，口稱「阿彌陀佛」，他看到了這一切，眼裡充滿了異樣的光芒。

幾天後，在方丈的帶領下，一個新的寺院在另一個山頂的高處，重新建造起來。

【禪悟管理】

一位管理者如果能使他的下屬貢獻出全部能力，那是因為他在他們與個人的意識中灌輸了一種極為強烈的動機，使每一個人能放棄他自己的個人利益，而以一種極為和諧的精神與團體中的所有人合作。

不管你是誰，也不管你的主要目標是什麼，只要你計畫經由其他人的合作努力而實現你的明確目標，那麼，你一定要在你所尋求合作的每一個人的意識中培養出一個動機，而且這個動機要強烈促使他們向你提出完整、不自私的充分合作。

任何一個人要成功，就一定要有一個組織、一個團隊來共同達成目標。

抱團才能行天下

◎◎◎◎◎◎◎

結伴飛行的大雁

剛剛用過齋的小和尚，來到院中玩耍。一陣大雁的長鳴聲，吸引他抬頭向秋日的天空看去。一群結隊飛行的大雁正從頭頂的上方飛過，隊形一會呈「一」字，一會呈「人」字。

小和尚被這些不斷變化的隊形所吸引，就找老和尚請教原因。

老和尚一邊看著雁群，一邊對小和尚解釋道：「大雁編隊飛行因為氣流作用能提高速度，一群編成「人」字隊形飛行的大雁，要比具有同樣能量而單獨飛行的大雁多飛百分之七十的路程，也就是說，編隊飛行的大雁能夠借助團隊的力量飛得更遠。」

「可是，為什麼牠們又老是高聲的長鳴呢？」小和尚接著問道。

「呵呵，」老和尚微微一笑，說道：「大雁的叫聲熱情十足，能給同伴鼓舞，大雁用叫聲鼓舞飛在前面的同伴，使團隊保持前進的信心。」

「哦。」小和尚陷入了沉思。

老和尚又繼續說道：「當一隻大雁脫隊時，會立刻感到獨自飛行的艱難遲緩，所以會很快回到隊伍中，繼續利用前一隻大雁造成的浮力飛行。

一個隊伍中最辛苦的是領頭雁。當領頭的大雁累了，會退到隊伍的側翼，另一隻大雁會取代牠的位置，繼續領頭飛行。

當有的大雁生病或受傷時，就會有兩隻大雁來協助和照料牠飛行，日夜不分伴隨牠的左右，直到牠康復或者死亡，然後牠們再繼續去追趕前面的隊伍。」

小和尚聽著聽著，似乎被大雁的精神所感動，眼角濕潤起來。

【禪悟管理】

大雁飛行給企業管理者帶來的啟示是深刻的：一盤散沙難成大業，握緊拳頭出擊才有力量。任何一個團隊，成員之間必須團結一致，大家心往一處想，勁往一處使，才能無往而不勝。團隊行動的速度有多快，並不是取決於團隊中走得最快的那個人，而是走得最慢的那個人。

環境艱巨正是吾人團結之時

◎◎◎◎◎◎◎◎◎◎◎◎

第五章 機巧求權變 謀略化危機

每個時間都是黎明，每個挑戰都是機會，每個逆境都是考驗，每個善行都是創造。唯有愛惜力量，以機巧求權變，才能蓄勢待發，實現理想；唯有以是非為重，以苦難為輕，才能以謀略轉化危機。

求人搬石頭

一個小和尚剛剛剃度出家，寺院的禪師安排了他挑水的工作。每天早晚，他都拎著兩個小木桶，到寺外的一個小溪邊去挑水。

這一天早晨，下起了小雨，地面一下子濕滑起來，小和尚必須很謹慎走路，才能避免身體不搖晃甚至摔倒。

還有最後一桶水了，小和尚早晨的工作就算結束了。但眼下卻出現了問題。

由於下大雨的原因，導致小溪混濁挑不到乾淨的水，此時，雨越下越大，但最後一趟水還沒有按時送到寺院，他越發焦急起來。最後一次努力時，不小心弄傷了自己的手指頭。

終於，小和尚再也忍不住了，大哭起來。其實，這件事的整個過程都被安排他工作的那個禪師看在眼裡。就在小和尚哭泣的時候，禪師忽然出現在小和尚的面前。

禪師溫和對小和尚說：「你為什麼不用盡你所擁有的全部力量呢？」小和

尚十分委屈說：「我已經用盡我的全部力量了。」「不對。」禪師親切說：「你並沒有用盡你所擁有的全部力量，你並沒有回到寺中請求我的幫助啊，何況還有那麼多的你的師兄呢？」

【禪悟管理】

在公司的發展進程中，有很多類似故事中那樣的困難出現，當你感到自己再也堅持不下去的時候，不要一味蠻幹或輕易放棄，要學會在困難當頭之際，嘗試轉變一下思路，試著用其他的方法，或者向別人求助或求教以獲得成功。

要知道，危機有時候並不是你一個人的力量可以化解的。傑出的管理者能夠比其他人更早感覺到管理角色的變遷，他們總是能夠開闊思路，轉變思想，把員工或外力當作財富，遇事多借助於他們，最後成功度過危機時刻。

◎◎◎◎◎◎◎改變自己即自救

偽裝的菩薩

寺廟裡有個看門人，看見那個終日受世人跪拜的泥菩薩每天要應付很多人的祈求，覺得太辛苦了，他滿心希望能夠分擔菩薩的辛勞。

有一天，當他在內心做出這樣的祈禱時，向菩薩表明這份心願。忽然間，他聽到空氣中有一個聲音在對他說話：「好啊！我下來為你看門，你上來按照我的姿勢盤腿坐著。但是，有一點你要千萬記住，無論你看到什麼、聽到什麼，都不可以說一句話。」看門人覺得自己一定可以做得到的。

第二天，泥菩薩裝扮成看門人，守在門口，而看門人像泥菩薩原來的樣子盤腿坐在那裡，本來看門人穿的就是一件土色的衣服，外加他的因上了年紀而皺褶的皮膚，一切看上去和真的一樣。他每天按照先前和泥菩薩的約定，靜坐不語，聆聽跪拜人的心聲。來往的人很多，他們祈求菩薩保佑的話，有合理的，也有不合理的。但無論如何，他都在幾次要脫口說話的時候，強忍下來而沒有說話，因為他必須要信守先前的諾言。

這一天，寺廟裡來了一位員外，當這個員外跪拜祈求完畢之後，竟然忘記了手邊的錢袋便起身離去了。他看在眼裡，急在心裡，真想叫這位員外回來，但他終於強迫自己沒有把話說出來。

不一下，又來了一位打著補丁的窮人，他祈求菩薩保佑他全家渡過生活的難關。就在他要離去時，發現了先前那位員外留下的錢袋，打開一看，裡面有很多碎銀子。窮人高興得蹦了起來，他又重新跪拜菩薩，萬分感謝離去了。

偽裝的菩薩看在眼裡，想告訴他，這不是你的。但是，約定在先，他仍然憋著不能說。

又過了一下，一個要出海捕魚的漁夫來到，他是祈求菩薩保佑他出海平安的。正當他要起身離去的時候，先前丟了錢袋的那個員外折了回來，他一把抓住這個漁夫的衣襟，要他還錢，這個漁夫不明就裡，兩個人吵了起來。這個時候，正襟危坐的那個偽裝的泥菩薩實在看不下去了，於是開口說話了。

事情終於弄清楚了，員外便去找偽裝的菩薩所形容的那個窮人，而那個漁夫則匆匆離去，生怕誤了出海的好時機。

這個時候，偽裝成看門人的那個菩薩出現了，他指著偽裝泥菩薩的看門人說：「你下來吧，那個位置你沒有資格待下去了。」

看門人說：「我把真相說出去了，我是在主持公道，難道這我也做錯了嗎？」

泥菩薩說：「你懂什麼？那位員外並不缺錢，他那袋錢不過是用來吃喝嫖賭的，可是對那個窮人來說，卻是可以讓一家人渡過難關的救命錢；最最可憐的是那個漁夫，如果那個員外對他一直糾纏下去，也就延誤了海上颱風的侵襲，他還能保住自己的性命，而現在，他和他的那條船都沉入海中了。」

看門人聽了泥菩薩的話，傻了眼，站在那裡一句話也說不出來了。

【禪悟管理】

這個故事告訴我們：管理工作中一些本質的東西，眼睛是看不見的，必須深入實際，多做思考，多加評判才能明白。

為了做出正確的決策，管理者一定要避免某些常犯的錯誤。

第一，不可根據表面看到的現象做出決定。

管理者一定要清楚意識到自己對所發生的事情的了解可能是非常有限的，做結論不能拋棄本質，只看表象。

第二，不要在不了解足夠的情況時就匆忙做出決定。

管理者必須運用以往的經驗、良好的判斷力和常識性知識做出一個符合邏輯的決定。

◎◎◎◎◎看得破的人，處處都是生機◎◎◎◎◎◎

皮鞋的由來

很久很久以前，人類都還赤著雙腳走路。

有一位國王到某個偏僻的鄉間旅行，因為路面崎嶇不平，又有很多碎石頭，刺得他的腳又痛又麻。回到王宮後，他下了一道命令，要將國內所有道路都鋪上一層牛皮。他認為這樣做，不只是為了自己，還可造福他的人民，讓大家走路時都不再受刺痛之苦。

但即使殺盡國內所有的牛，也籌措不到足夠的皮革，而所花費的金錢、動用的人力，更不知幾何。雖然根本做不到，甚至還相當愚蠢，但因為是國王的命令，大家也只能搖頭歎息。

一位大臣小心翼翼向國王提出建議：「我們城東有個寺院，寺院有個修行極高的禪師，要不然把他找來，看看他有什麼好的解決辦法。」國王於是下令派人去請那位禪師。

禪師來了，他走到殿上，看了一眼國王，語重心長說：「國王啊，為什麼您要勞師動眾，犧牲那麼多頭牛，花費那麼多的金錢呢？您何不只用兩小片牛皮包住您的腳呢？」國王聽了很驚訝，但也當下領悟，於是立刻收回成命，改採這個建議。

據說，這就是「皮鞋」的由來。

【禪悟管理】

儘管是一國之王，但想改變整個國家，很難，而改變自己的思維，則較為容易。

管理時也一樣，與其如此麻煩改變整體，不如讓自己的腦袋轉起來，改變自己墨守成規的思維，改變自己的某些觀念和做法，以抵禦外來的侵襲。

當自己改變後，眼中的世界自然也就跟著改變了。心若改變，態度就會改變；態度改變，習慣改變，人生、事業就會改變。

而在商界中，守一步，山窮水盡；變一步，海闊天空。隨機應變、八面玲瓏，肯定能在市場中生存、發展、壯大，管理者何樂而不為呢？

最後記住：如果你希望看到世界的改變，那麼第一個必須改變的就是你自己。

兵無常勢、水無常形

學僧與慧忠國師的問答

有一天，有個學僧跑來向禪宗大師慧忠國師[1]問法，說：「經書上云：『青青翠竹盡是法身，鬱鬱黃花無非般若』，也就是說萬事萬物都有佛性。不知大師是如何認為的呢？」

慧忠國師回答道：「《華嚴經》云：『佛身充滿法界，普現一切群生前。』翠竹既不出於法界，豈非法身？以《般若經》云：『色無邊，故般若亦無邊。』黃花既不越於色，豈非般若？」

---

① 慧忠國師（西元六七九年－七六八年）禪師乃潤州上元人氏，俗姓王，二十三歲時在香嚴寺受戒出家。慧忠禪師是慧能門下著名門徒之一，居南陽白崖山香嚴寺四十餘年。戒行精專，名聞海內外，與行思、懷讓成禪宗主流。流傳至今的曹洞宗、臨濟宗即源於此。

學僧聽他引經據典，輕鬆化解了自己的難題，心中不服，再問道：「信這句話的人對呢？還是不信這句話的人對呢？」

慧忠國師提升到更高的意境，答道：「信者為俗諦，不信者為真諦。」

學僧大驚道：「不信者應該是邪說，禪師怎可說是真諦？」

慧忠國師答道：「不信者自不信，真諦自真諦。佛祖以生為苦，眾生以生為樂。原因何在？不同的人有不同的參悟境界。你該信眾生還是信佛呢？」

學僧低下頭，沉思起來。

唐肅宗嘉其行，於西元七六一年召見慧忠入見，待以師禮。慧忠禪師向肅宗講述理國漢人之精要，肅宗聞之悚然，敕居千佛寺，號曰「國師」。

【禪悟管理】

世間之事，信與不信、好與不好並不重要，重要的是能看清與認清事情的本質。

作為管理者，最重要的是要既能明察秋毫，又能高瞻遠矚。清末大商人胡雪巖說：「如果你擁有一縣的眼光，那你可以做一縣的生意；如果你擁有一省的眼光，那麼你可以做一省的生意；如果你擁有天下的眼光，那麼你可以做天下的生意。」

生意場上最可怕的是認為萬事不變：他們會一如既往購買的產品；委託他人不會變，他們永遠覺得你真誠可信；競爭對手不會變，他們將永遠停留在原來的實力水準上。

一個成功的管理者絕對不會有這種墨守成規的想法。他們知道敏銳的洞察力和快速的反應能力是事業成功的關鍵。

所以，不要以為你先前失敗過現在還一定會失敗，也不要以為你以前成功過現在還一定會成功。

既要明察秋毫，又要高瞻遠矚

雨傘和草鞋

大覺寺旁邊住著一個老太婆，她每天都到寺裡來燒香，但每次總是一邊燒香一邊哭哭啼啼。這令寺裡的老住持非常納悶。香客什麼樣的都有，可就沒有像這位老太婆這樣天天以淚洗面的。

這一天，老和尚終於按捺不住心中的好奇，問老太婆道：「老人家，你為什麼天天這樣哭個不止呢？」

老太婆這才長歎一聲：「唉！別提了，全是因為我那兩個寶貝女兒。」

「你的女兒怎麼了？」老和尚繼續追問道。

「我有兩個女兒，大女兒嫁給了賣草鞋的，二女兒嫁給了賣雨傘的，這讓我老婆子怎麼安心呢？」老太婆此時又留起了眼淚。

「她們都有了歸宿，這不是很好嗎？」老和尚更覺得納悶。

「好什麼好啊。晴天，二女兒的雨傘賣不出去；雨天，大女兒的鞋賣不出去。我又怎麼能不煩惱呢？」老太婆反駁道。

住持聽了，覺得有些道理，可又感覺情況不是完全如此。

他沉思了片刻對老太婆說道：你是不是可以反過來想一想呢？」

老太婆聽了這句話，也開始思考起來。這回她停止了哭泣。「晴天，可以為大女兒的鞋好賣而高興；雨天，也可以為二女兒的傘好賣而快樂。這真的是很好啊。」

經老和尚這麼一說，老太婆破涕為笑了。

【禪悟管理】

任何事物都一體兩面。凡事不能只看到壞的一面，而看不到好的一面，遇事多朝好的一方面想，你就會多一些快樂，少一些煩惱。

在這個每天每時每秒都瞬息萬變的商業社會，更應立足腳跟，從客觀實際出來，充分考慮到公司的發展、經營與市場結合所帶來的利弊結果。要在打開市場格局的同時，思考自身所存在的不足，也應在發展緩慢的時候，停下腳步做出深刻的反思，以便更好進步。

一分為二地看問題◎◎◎◎◎◎◎◎

秀才買柴

有一個秀才去買柴，他對賣柴的人說：「荷薪者過來！」賣柴的人聽不懂

「荷薪者」（擔柴的人）三個字，但是聽得懂「過來」兩個字，於是把柴擔到秀才面前。

秀才問他：「其價如何？」賣柴的人聽不太懂這句話，但是聽得懂「價」這個字，於是就告訴秀才價錢。秀才接著說：「外實而內虛，煙多而焰少，請損之（你的木材外表是乾的，裡頭卻是濕的，燃燒起來，會煙多而火焰小，請減些價錢吧）。」

賣柴的人因為聽不懂秀才的話，於是擔著柴就走了。

這一切全被旁邊看了很久的一個出家和尚看在眼裡，他走近秀才身邊，對他說：「你知道那個賣柴的為什麼走嗎？」

秀才愣了愣，說：「大概，是他不打算把柴賣給我吧！」

老和尚哈哈大笑，說道：「因為你沒有對他說『人』話啊！」

說罷，拂袖而去。

【禪悟管理】

出家和尚說秀才沒有說「人」話，意思是說，秀才並沒有根據談話對象的身分而改變談話方式，還以一個讀書人的身分及口吻自居，之乎者也一番，顯然毫無意義。

語言是人們交流資訊的代碼，不像許多其他的代碼，它非常容易被誤用和誤解。而作為一個管理者，平時最好用簡單的語言、易懂的言語來傳達資訊，而且對於說話的對象、時機要有所掌握，有時過分的修飾或強調反而達不到想要的目的。

尤其是與基層員工溝通時，更不要運用過多的術語，這樣才能保證工作協調、有序進行！

真正會說之人，要發有效的聲音

◎◎◎◎◎◎　◎◎◎◎◎◎◎

黑夜中的缺口

一個非常大膽、非常有勇氣的小沙彌，在月黑風高、伸手不見五指的深夜，聽從方丈的安排，按方丈指定的幾個山頭，去執行一次特殊的任務或說是去接受一次特殊的磨練。

在一座陌生的山巔，他走著走著，遇到一堵高高的寨牆，他摳住壘牆的大石塊，嘗試了幾次都沒辦法翻過。就想，只能繞過這堵牆了。

於是，他按方丈的囑咐在轉彎的地方做下一個祕密符號（為防萬一，便於尋找和辨認），就順著牆壁朝自己認定的方向摸索著走去，待他跌跌撞撞走了不知多少路途時，他隱約發現寨牆的盡頭居然是懸崖。

於是，他又跌跌撞撞往回走，走著走著天就亮了，待他終於看到自己留下的祕密符號時，他唉聲歎氣、後悔不已——因為符號的另一側，幾公尺遠的地方就是一個可直接可通過的缺口。

【禪悟管理】

有些艱難險阻，其實是一種假象，是一種判斷上的錯誤或者錯覺。只要換個角度或方向，稍事摸索，便可以通過，可以迎刃而解了。

換一種思維方式，不但能使你在做事情上找到峰迴路轉的契機，也能使你找到工作上的快樂，就會把不利變為有利。

管理工作有許許多多的分岔路口，在每個路口，我們必須選擇其中的一條道路走下去，因為我們不可能同時踏上兩條道路。

◎◎◎◎改變自己，成功的路就已經在你的腳下◎◎◎◎◎◎◎◎◎◎◎

缸中藏人

話說有一對新婚夫婦，非常相愛，鄰居們都羨慕不已。但有一天夫妻二人卻相互反目，原來是丈夫讓妻子從酒缸裡幫自己裝些酒來，妻子打開酒缸一看：只見裡面有個漂亮女子的身影。她大吃一驚，於是酒也顧不得裝了，便怒氣衝衝去找丈夫：「你這個不知羞恥的男人，怎麼酒缸裡還藏著別的女人？」

丈夫被妻子罵得摸不著頭緒，於是他便親自去看個究竟。他急忙來到後院，轉頭朝酒缸裡一望：「這哪是什麼女人？分明是個野男人嗎！」看到這些他就生氣：「明明是她偷了男人，卻說是我養了女人。」

於是，一場大戰爆發了。她揪著他的耳朵，他拽著她的頭髮。兩人打得不可開交：拍桌子砸板凳，鍋碗瓢盆一起響。驚得左鄰右舍都趕來看熱鬧。

其中有位鄰居覺得十分奇怪，這對夫妻平時如膠似漆，恩恩愛愛，今天怎麼突然大打出手？於是他進屋問清了原委。若非酒缸裡藏了兩個人不成？他越發奇怪，就跑去看酒缸。嘿，裡面確實藏著個男人。他出了屋門，把自己的所見全告訴了那些好奇的鄰居。

這時正好有個尼姑來化齋，看到夫妻倆正在大吵大鬧，她便進門相勸，問為何事這般吵鬧。夫妻倆互相指責對方，女的說：「他偷野女人！」男的說：「她偷賤男子！」

尼姑越聽越糊塗，圍觀者便上前指點說：「他們家的酒缸裡藏有人。」尼姑半信半疑，決定前去察看，果然發現酒缸裡有個尼姑。於是她轉身就走，邊走邊念著：「罪過！罪過！」

過了一會，又來了一個和尚，他聽說有這樣的怪事，簡直不可思議！於是他也進屋走到酒缸旁，低頭一看：哪有什麼男人女人？不過是人在酒中的影子罷了！他感歎這幫人真是可悲至極。隨後他撿起一塊石頭，帶領眾人來到酒缸前，揚起石頭砸碎了酒缸。

原來裡面除了酒以外什麼都沒有。夫婦兩人看到之後，十分後悔，抱頭痛哭起來。

【禪悟管理】

為人處事不要自掘墳墓，凡事都要三思而行，多問幾個為什麼，不要妄下結論，以免鑄成大錯，悔恨終生。

實際工作中，構成和引發突發事件的原因複雜多樣，對人的心理產生的衝擊也是多種多樣的。在這種情況下，採用常規性的工作機制和決策程序，是很難及時判斷並解決問題的。

因此，處理突發事件，必須靈活機動、超乎常規的程式和方法。簡單說來，要注意關鍵的四個要點：

第一，實行現場決策。

這要求管理者必須採取超常決策方法，把決策過程最大限度的放到現場，根據現場情況的變化，進行及時決策。

第二，措施留有餘地。

管理者要想得多一些、遠一些。

第三，注意緩解矛盾，轉移現場相關人群情緒。

這是控制事態發展的一種有效辦法。

第四，顧全大局。

千萬不要因為這一件突發事件，而使事情向更壞的方向發展。

◎冷靜起慧心 機巧解危機◎◎◎◎◎◎◎◎◎◎

不淋一人

在臨安城外有一座遠近聞名的古寺，寺中的老禪師精心傳道，弟子如雲。

這一年秋天到了，又有幾個弟子修道圓滿，準備離開禪師，下山布道。臨行前老禪師擔心他們學禪思維封閉，布道拘於形式，於是出了兩句偈語開導他們。

老禪師說道：「綿綿秋雨二人行，如何天不淋一人。」弟子們聽後面面相覷，議論紛紛。

第一個弟子想了想說：「兩人都走在雨裡，卻有一人不被淋，可能是因為他穿著雨衣吧。」禪師聽後搖了搖頭，未置可否。

另外一個弟子迫不及待說道：「這不容易？那就是一邊下雨，一邊不下唄！」

眾人聽後覺得有些牽強，紛紛搖頭。老禪師看了看他，也沒有作聲。

眾人又陷入了思索，老禪師望了望幾個弟子，期待著正確答案的出現。

這時，第三個弟子好像找到了答案，滿懷信心說：「你們都錯了！什麼『穿著雨衣，局部陣雨』？」他不屑一顧繼續說：「你們的答案都很牽強，其實道理很簡單：一個走在細雨裡，一個走在屋簷下。不就一個被淋，一個不被淋了嗎？」

眾人聽了覺得有些道理，他也洋洋自得準備接受讚賞。可老禪師微笑著看看他，又望望眾弟子，並沒有點頭。

過了片刻，他才對弟子們說：「你們只知道『不淋一人』就是一個人不被淋雨，難道就沒有換個角度想一想，這『不淋一人』不就是兩個人都在淋雨嗎？」眾人聽後恍然大悟。

【禪悟管理】

凡事不要拘於形式，故步自封。要學會突破固定思維，多角度思考問題。

禪的思維方式，本身就是創造性的思維方式。禪講究虛無，不居有，考慮問題往往不拘一格，不落俗套，而且十分輕鬆自然。

隨著社會的發展，創造性思維越來越重要，也越來越被人們所重視。

誰要想使自己的工作產生超凡出眾的效果，誰要想在競爭中立於不敗之地，誰就應該有勇氣打破常規，突破傳統思維的束縛，並在工作中以禪的思維方式來思考問題。

坐禪靜思，不落俗套

◎◎◎◎　◎◎◎◎

安葬野狐

百丈禪師每次講法時，總能見到一位素不相識的老人跟在其中聽講，百丈有些納悶。

有一天，大家都走了，只有那位老人還沒走。

百丈於是走上前去問他：「你是誰？到這裡來做什麼？」

他說：「我不是人，我是隻死狐狸。很久以前，在迦葉尊者②的時候，我

---

② 迦葉尊者，迦葉尊者為佛陀十大弟子之一，以「頭陀第一」著稱。佛滅度後，統領僧團，並召集第一次的經典結集，使佛經能流傳至今，對佛法的傳承有很大的貢獻。一般佛菩薩的侍者多為合掌的姿勢，唯獨迦葉尊者是雙手握拳，這是因為迦葉尊者在過去生曾燃燈供佛，並以紫光金莊嚴佛像，仗此功德，使他世世生於富貴人家，且身上常有大光明。握拳是為了將手中的光明遮住，表示尊者的謙遜，不與佛爭輝。於靈山會上，尊者受佛正法眼藏，傳佛心印，為西天付法藏第一祖。

就是山上的方丈。當時有個學生問我，道行極高的人是否仍然會落入因果法則。我回答說：『不落因果。』就因為說了這句話，我被罰為狐狸身，足有五百年之久。現在我請求你的開導，以解脫狐狸之身。」

百丈說：「你讓我怎麼幫你？」

老人說：「在當時，我應該怎麼回答？」

百丈說：「你應該說不昧因果。」

老人大悟，便向百丈施禮說：「我現在已解脫了野狐之身，就住在後山洞裡，請按照和尚死亡的禮儀來安葬我吧。」

百丈向眾僧宣布飯後為一位老人舉行葬禮。大家聽後甚為驚訝：寺裡根本沒有人死去，舉行什麼葬禮？飯後百丈帶眾弟子在後山洞中果真找到了野狐的屍體，於是他便將野狐安葬了。當晚，百丈把這個故事完完整整講給了徒弟們聽。

聽完後，弟子黃檗問：「這位方丈因答錯一句話，便被罰做五百年的野狐狸，那麼答對了所有的問題，又能如何呢？」

百丈說：「你過來，我告訴你。」黃檗走上前去，卻被百丈給了一巴掌道：

「我以為你只有鬍鬚是赤色的，沒想到你根本是赤鬍鬚的胡人。」說完大笑。

【禪悟管理】

真正的修行者並不否認因果法則，但也不會拘泥於因果的形式。佛教是靈活的，變通的。我們的管理工作亦如此，真正的管理是超乎肯定和否定的，沒有什麼固定的模式可言。

在公司中，作為一名管理者，無論什麼樣的制度法規都要靈活運用，都要有個辯證法則，一味墨守成規的錯誤，還混淆是非標準，甚至會泯滅應有的良知。

對於管理工作來講，向一切規則挑戰，敢於突破常規，往往可以贏得下屬的尊重。

◎◎◎◎◎佛教講變通，管理無模式◎◎◎◎◎

熊的不同選擇

有一個信徒來請教無德禪師：

「禪師，我心裡頭一直有個問題百思不解，經典上說三界唯心，可是我明明在人間，我的心哪裡會在天堂和地獄？」

無德禪師沒有正面回答他的問題，只叫他去井裡打桶水來。當水提到後，禪師指著那個水桶說：「天堂地獄都在那一桶水，你自己親自去看看吧！」

信徒聽了就依言專注凝視桶裡的水，看了許久什麼也沒發現。禪師突然走近，把他的頭壓進水裡，正當他喘不過氣來，禪師就鬆手了。

信徒又驚又怒責罵道：「你這壞心腸的禪師，把我壓進水桶裡，那種喘不過氣來的痛苦，簡直就像地獄一樣。」

禪師毫不動怒，笑問道：「那你現在，感覺如何？」

「能自由的呼吸，感覺就像天堂一樣的快樂。」

禪師叱喝道：「只有這麼一會工夫，你就從地獄回到了天堂，那你為什麼還不相信天堂地獄的存在？」

信徒聽後無言以對。

【禪悟管理】

現實生活中，天堂和地獄並不存在，我們沒有理由去相信。但是天堂般的生活我們曾憧憬過；地獄般的感受我們曾經歷過。但為什麼沒有用心去體會它們的存在呢？這一切是可以改變的！

而一個公司如果只安於舒適的現狀，公司的營運狀態就會像步入地獄那樣可怕；如果我們做事用心，智慧管理，那我們每走一步都是在接近天堂的位置。天天堂和地獄並不遙遠，看我們怎麼樣去面對目前所面臨的那些問題。

天堂與地獄只有一步之遙

◎◎◎◎◎◎◎◎◎◎

商人與高僧

有一位商人想做很多事情，但既感到力不從心，又感到只做有限的幾件事，獲利不多。因此，始終鬱積於心，難以排解。於是，他找到一名得道高僧請教。

高僧得知了他的困惑後，拿出一個缽盂，讓商人往裡面裝石頭。裝完後，高僧問商人，還能再裝嗎？商人回答說不能裝了。

高僧讓他往缽盂裡裝沙子，結果，又裝進了好多沙子。裝完後，高僧問商人：「還能再裝嗎？」商人回答說不能裝了。

高僧讓它再往缽盂裡裝水，自然又裝進了很多水。商人頓悟。

由此，商人依僧人指點，在經商的路上不斷發展。

一日，商人又來找僧人，說：「我已經證實了我的價值，我想在我的後半生，寫點什麼。可是，我總是坐下來很久，思考很久，也不能下筆，請您指點。」

僧人又拿出那個缽盂，先讓商人又往缽盂裡面裝石頭。裝完後，僧人問商人：「還能再裝嗎？」

商人回答說能裝。於是商人又往缽盂裡裝了很多沙子。裝完後，僧人又問商人：「還能再裝嗎？」商人回答還能。商人又往缽盂裡裝水，自然又裝進了很多水。

這時，僧人問商人：「是否還能裝？」

商人皺皺眉頭，思考許久，說：「不能了。」

這時，僧人拿起缽盂，將缽盂裡的水、沙子、石頭全都倒掉，又問商人：「是否還能裝？」

商人又一次頓悟。

商人經過兩次的請教，受益匪淺，經過自己的刻苦努力，事業更是蒸蒸日上。為了能夠更加穩健發展自己的事業，他第三次去請教僧人。

僧人依舊拿出了那個缽盂，對商人說：「你仔細看看這個缽盂，很小，卻可以無窮盡裝載很多東西，是因為這個缽盂有什麼與眾不同的地方嗎？」

商人經過再三斟酌後回答：「不是，這只是個普通的缽，是因為使用缽盂的人的思想在不停的轉變，才使得它更有價值！」

僧人聽後，笑了笑，轉身從桌子上又拿起一個缽盂，對商人說：「世間何止一缽，又何止一山一水，一個缽盂所能承載的畢竟有限，可是如果把兩個或者三個，或者更多的缽放在一起，那所裝的何止山水啊，你說呢？」

商人回家後，反覆揣摩僧人的話，終於大悟，從此以後，無論是對待下屬或是公司競爭對手，都能做到因材施用，知己知彼，集齊眾人之智慧，事業從此步入巔峰。

【禪悟管理】

現代企業的經營管理貴在創新。換一個角度思考問題，往往會柳暗花明又一村。以下是對管理者幾次頓悟的解析：

第一次，任何事情只要專注，就一定還有潛力。同樣，利益尋求猶如往缽盂裡裝東西，潛力無窮。

第二次，接受新的事物，必須首先將所有的以往舊的觀念放棄，才能真正、完全接受新事物。

第三次，企業的經營管理者要善於集思廣益，量才而用，要能夠發現人的價值，任用多種類型的人才，為企業發展效力。

◎集思廣益求創新◎

第六章

參禪講修行　管理講執行

修行的目標，以「無心」為最高境界；做事的原則，以「執行」為成功基石。

禪宗行事往往具有獨立特性，求其本性，蔑視枝節，最具創造精神。以禪為執行理念，是最堅決、最創新的執行之道。

分粥記

韓國首都首爾有一個很有名的承真禪寺，一年到頭香火旺盛，賓客如雲。關於這個寺院的興盛還有段有趣的故事。

承真禪寺共有七個和尚，他們住在一起，每天共喝一桶粥。由於僧多粥少，難以滿足每個人都吃飽的要求，怎麼分配這桶粥就成了一個令人頭疼的問題。

最初，他們商量確定輪流分粥，每人輪流一天。結果每週下來，他們只有一天是吃飽的，就是自己分粥的那一天——負責分粥的和尚有權力為自己多分一些粥。

大家對這種辦法不滿意，於是推選出一個公認的道德高尚的和尚負責分粥。權力導致腐敗，大家開始挖空心思去討好他、賄賂他，最終搞得整個小團體烏煙瘴氣。

大家對這種辦法也不滿意，經商量後組成三人的分粥委員會及四人的評選委員會，結果互相攻擊賴皮，粥吃到嘴裡全是涼的。

經驗是摸索出來的。到最後，大家想出一個方法來：輪流分粥，但分粥的人要等其他人都挑完後吃剩下的最後一碗。結果為了不讓自己吃到最少的，每個負責分粥的人都盡量分得平均，就算不平均，也只能認了。

此後，幾個人再也沒有爭吵過。

【禪悟管理】

馬克思說：「自私是人類的真正本性。」自私好比是核能，即可為人類提供巨大的能源，也潛伏著毀滅地球、埋葬人類的巨大危險。問題的關鍵是人類的駕馭和控制。

管理者應該像承真寺的和尚那樣，根據人性自私的特點，設計一個「輪流分粥，分者後取」的遊戲規則，遊戲規則要兼顧公司利益和個人利益，並且將個人利益統一到公司的整體利益裡面來。因此，應該建立一個科學、有效的激勵制度，並按制度堅決執行。

當然，實際工作中，建立一個制度絕對不會像故事中說的那麼容易。因為當一個制度建立起來之後，不可能那麼容易就會改變的。但我們還是要努力做到這一點，否則工作秩序將無法維持。

根據公司自身的需要，設計一種有利於團隊精神的制度，是管理者的一項重要任務。

無規矩不成方圓

先富信徒後富佛教

佛光禪師①為了推動佛教的發展，創辦了許多佛教事業。跟隨他的弟子們為了達成禪師的理想，都很積極向佛教信徒們勸募，鼓勵他們布施做功德。

有一次，佛光禪師從遠方化緣歸來，弟子們爭先恐後向禪師報告個人勸募功德的成績。其中有個弟子很自豪說道：「師父，今天有一位很有錢的大施主，布施了一百兩銀子，他說，這些銀兩作為我們興建大雄寶殿②的基金。」

另一個弟子聽了，也急忙報告說：「師父，城內的張居士來拜望您，我知道他想與您參禪，但您不在，我就帶他巡禮各處的殿堂，他答應要提供給我們寺院全年的米糧。」

---

① 光禪師，佛光道悟禪師。俗姓冠氏。陝右蘭州（金國）人。生而有齒。年十六歲便已出家。

② 大雄寶殿，是少林寺的正殿，也是寺內最大的殿宇。該殿為寺內進行佛事活動的中心場所。

這時，寺中的香燈師③、知客師④等都紛紛向佛光禪師說明信徒的喜捨善心，只見佛光禪師皺起眉頭，制止大家說話，並開示弟子們說道：「你們大家都辛苦了，可惜化緣太多，沒有功德。」

眾人聽了，都不解禪師話中的意思，就問道：「為什麼化緣多反而還成了一件不好的事情了呢？」

佛光禪師道：「把錢財儲存於信徒，讓信徒富有起來，佛教才能富有。不可經常要信徒捐獻這個功德、贊助那項佛事，殺雞取卵，何其愚痴！等到有一天信徒們不勝負擔，佛教還有什麼護法長城呢？」

【禪悟管理】

佛光禪師不愧是大師，他的這番言語，的確引人深思！

一般情況下，佛教所云布施，要在「不自苦，不自惱」的原則下進行，而且布施者應該分期布施，細水長流，不可急功近利。

在管理工作中，管理者和員工之間應該建立起良好的合作關係，也就是說，雙方的利益應具有廣泛的共同性。只有這樣，才能使全體工作人員團結起

③ 香燈師，是指寺中管照香、蠟燭、油燈等事宜的師父。

④ 知客師，也同樣是處理人事活動的師父，該職位的主要職責是送、迎光臨寺院進香、參拜、觀光等類似事宜的施主。

來，為著公司的發展壯大而不斷努力。要讓員工意識到，隨著公司的發展，公司的一切運轉開始按照良性循環的軌道進行，他們的所得也在增加，這對公司和員工都是有益的。

總之，管理者不僅要為自己想，也要為員工想；在關注員工利益的同時，公司和管理層自身的利益也就得到了保障。這一點，不僅要意識到，在實際管理工作中，也要迅速制定出相應政策，堅決執行下去。

能和，則能共存共榮

修行恰似彈琴

有個年輕人叫白生，他出身於豪富之家，他的父親是城裡最為富有的商人，家中奴婢成群。白生每天的飲食起居，都是由侍女們精心侍候。然而，理應無憂無慮的白生，卻並不開心，莫名的憂愁像烏雲一樣籠罩著他的心。他整天無所事事，只好以彈琴打發無聊的時光。

這一天，父母為了讓白生散心，由數十位僕人伺候他到郊外郊遊。

在郊外，白生看到許多人面帶渴望的神色，匆匆走向一片美麗的樹林之中。他抬頭看見園林路口掛著一塊雕飾精美的木牌，上寫「祇園⑤」兩個燙金大字。

白生好奇命令僕人們抬著他尾隨而去。林中，佛陀正在說法。白生聽了之後，感動得熱淚盈眶。尤其是他看到那些出家人無憂無慮、自由自在的美好生活。他們沒有眾多侍衛、侍女守護，卻也無拘無束，隨心所欲，想到這裡，白生心中不免生起一種莫名其妙的空虛、憂愁。這個時候，白生萌生了出家的念頭。

父母當然不同意他的想法。然而，白生鐵了心了：「哪怕是一日一餐，睡在樹下呢，我也心甘情願！不然，我寧可去死。」

出家的兒子總比死兒子好一些。父母無可奈何，只好讓步。

白生終於如願以償，來到祇園做了一個出家人。一切都是那麼新鮮，所以，他以極大的熱情投入到了修行生活之中。

白生很勤奮，也很用心，祇園前前後後，僧團所住範圍，他都很辛勤打掃、處理雜物；有空的時候就專心背誦佛陀的佛法，坐禪修行。人們每次遇見

⑤ 據說，當釋迦牟尼佛在世時，舍衛國有位長者名須達多，他常將財物施給孤獨貧困之人，故稱為給孤獨長者。一次，他請佛到舍衛國來說法，為了給佛和佛弟子提供一個好的環境，最後選定了祇陀太子的花園。但是，太子沒有出賣花園的意圖，便對給孤獨長者說：「你若能在我的園地上布滿黃金，我便把花園賣給你」。給孤獨長者果然這樣做了。太子很感動，便少要了一部分黃金做了買回樹木的價錢，二人共同請佛來住，這便是印度有名的「祇樹給孤獨園」，簡稱祇園。

他，不是聽見他喃喃誦念的聲音，就是看到他靜坐。他甚至將睡眠的時間也壓縮再壓縮，減少再減少，直到連眼睛再闔一下，他都覺得浪費時間，認為分分秒秒均不能讓它輕易消逝……

一向沉湎安樂、嬌生慣養的他，何曾吃過這些苦頭？再加上他過分苛刻嚴格要求自己，十天半月之後，他手上出現血泡，腿上磨出了鮮血。更嚴重的是，他強行盤腿，將膝蓋與胯部的韌帶也撕裂了……

終於，白生像個泄了氣的皮球，懈怠了下來。他從一個極端走向了另一個極端，開始隨意放縱自己，整天安睡玩樂。至於修行嘛，時斷時續，三天打魚，兩天晒網。如此，他怎麼可能開悟呢？

佛陀來到他面前，說道：「我聽說，你在家時，琴彈得很好？」

佛陀居然知道自己唯一的所長，白生很是有些興奮點點頭。

佛陀問道：「琴弦如果太鬆了，琴音如何？」

白生說：「弦太鬆，就彈不出聲音。」

佛陀又說：「如果將弦綳得緊之又緊呢？能發出美妙的琴聲嗎？」

「那樣的話，不但彈奏不出美妙琴聲，而且很危險，琴弦很容易斷！」接著，白生補充說：「琴弦過鬆、過緊，都不能發出好聽的聲音。」

佛陀又問：「什麼情況下，琴發出的聲音最美妙呢？」

白生回答：「弦的鬆緊調得適度，彈出來的聲音最好。」

說到這裡，白生恍然大悟。從此，他不焦不躁，心平氣和修行，很快成為阿羅漢[⑥]。

【禪悟管理】

修行與彈琴的道理一樣，弦繃得太緊，很容易拉斷；弦不太緊，就是懈怠，也不能有所進步。應該不鬆不緊，適度才好。所以，你應該調節自己的生活，日常的作息要正常，而用功的時候則要很專心，切不可放逸。若能把生活調節得恰當，再用心去理解道理，把所學的法和實際的生活配合在一起，那你的修行就成功了！

在管理公司上，制定各方面的制度是非常重要的，但是，如果不注重方式，下屬感到自己被強迫，甚至感到委屈，就可能無所適從，以至於「物極必反」，採取不利於公司利益的對策應付公司的政策。

⑥ 阿羅漢，簡稱為羅漢，是依照佛的指示修行成正果的人。

因此，要記住：任何一種制度都是人定的，在操作上都應有一定的彈性，千萬不能死板刻薄，引起下屬的反感。

可執行的制度，應是尊重別人自由的制度

打油

禪者居住在巍巍太行山處。他的右鄰，是一對相依為命的母子。兒子只有十二歲，還在讀私塾。

初春的一天，鄰居讓兒子到山下去買一瓶油。母親反覆叮嚀，讓兒子當心，千萬別將油瓶打碎了。小男孩買油以後，小心翼翼提著油瓶往回走。然而，崎嶇的山路讓少年的注意力都在油瓶上，沒有發覺小路上一塊凸起的石頭，腳下一絆，身體踉踉蹌蹌，手中的油瓶就「嗖」飛了出去。

母親責怪兒子不小心。這次，母親交給了少年一個搪瓷盆——不會摔破了吧？母親還交給了他一串長長的嘮叨：「你一定要小心、小心、再小心！千萬別再將油灑了。要知道我們家日子的艱難……」

當孩子捧著油盆往回走的時候，簡直就像捧著一個易碎的寶貝，他簡直無法承受這一份重大的責任，因為這油瓶裡面有母親的叮嚀。

或許是少年的腳步太輕、太輕，以至他走到跟前了，路邊一隻山雞，差點被他一腳踩上！山雞被他嚇得一躍而起，少年也被牠驚得一跳，將盆裡的油傾灑了不少……

從此，少年無論做什麼，總是缺乏信心，有氣無力，無精打采，縮手縮腳，為此他總是受到私塾老先生的責罵。

這一天，禪者說自己年齡大了，下山不方便，煩勞孩子為他到山下買一瓶油。孩子下意識向後退了一步，剛想拒絕，但想到禪者往日對他家常有照顧，是個慈善的長者，只好硬著頭皮答應下來。

禪者此時對孩子說，由於自己腿腳不方便，已經幾天沒有出門了，請他在買油回來的路上，認真將山路兩邊的景色看一看，回來告訴他。

孩子心裡更是忐忑不安了。自己前兩次那麼全神貫注看護著油瓶，還是失了手；這次，若是邊走邊看風景，豈不……

不過，少年不忍心讓他眼中的這位慈祥的老人失望，便按照他的吩咐，在回來的路上觀望著山野裡的風景。他發現，小草長高之後，有的還開出了嫩嫩的花朵，連發芽最晚的棗樹，也搖曳著滿枝的新芽。蔚藍色的天空不時有美麗的鳥群飛過，高高的山崗上有耕牛……

啊，多麼充滿生機的大山啊！少年被自己故鄉的美景感動著，渾然忘記了自己手中的油瓶！

不知不覺中，少年已經走回了山上。這時，他才發現，自己並未刻意用心，更未提心吊膽，竟然平平安安將一瓶油帶了回來！更令他意想不到的是，禪者竟然笑盈盈站在門口看著他。

這就是說，他平安歸來了！

現在，他明白了禪者讓他買油的用意，臉上綻放了久違的燦爛……

【禪悟管理】

留一些餘地好轉身，餘一些時間好思考，畫出一些空白好昇華。朱熹有詩曰：半畝方塘一鑒開，天光雲影共徘徊。問渠哪得清如許，為有源頭活水來。

作為管理者，你所要做的工作只是宏觀把握，高瞻遠矚，而不是關心那些具體的細枝末節。因此，你所決定的只是告訴你的手下去做什麼事，至於具體怎樣去做，你應該放心去由他們去思考，切忌不要獨斷專行。不管大事小事，什麼都是自己說了算，那簡直是管理者最大的禁忌。

你要盡量保證下屬對所接受的工作任務，有完全的自主權，這意味著在確定如何著手完成這項任務、獲得資訊、使用其他人、解決問題等事情上，他擁有做出決定的權力。

要讓你的下屬有足夠的自由來自主開展工作，這是你要做的迫在眉睫的事！

智者會給他人一顆自由的心

◎◎◎◎◎◎◎◎◎◎◎◎

「現在」是唯一的答案

有一位將軍，他內心有三個問題，這三個問題一直令他困惑，即：做每件事情的最好時間是什麼？與你共事的最重要的人是誰？任何時候要做的最重要的事情是什麼？

這位將軍問遍了帳下的所有文官，但他對所有人的回答都不滿意，於是，將軍把自己裝扮成一個平民，獨自一人登山去尋找一位得道禪師。

當將軍找到這位禪師的時候，隱者正在茅棚前的菜園裡挖地，這個工作對年老的禪師來說顯然很吃力。將軍說：「我來這裡請您幫忙回答三個問題：做每件事情的最好的時間是什麼？與你共事的最重要的人是誰？任何時候要做的最重要的事情是什麼？」

禪師沒有說話，他繼續在做他的工作。將軍說：「你一定很累了，讓我助您一臂之力吧。」禪師謝過將軍，把鐵鍬遞給他，然後坐到地上去休息。

天色越來越暗了，將軍放下鐵鍬，對禪師說：「如果您不能回答我的問題，請明白告訴我，我好上路回家。」正說著，將軍突然看見一個人手摀著胸前流血的傷口拼命跑來。將軍幫傷者包紮好傷口，和禪師一起把他抬到茅棚裡的床上。因為一整天又爬山又挖地，將軍倚著門口很快就睡著了。

當他醒來的時候，太陽已經升起來了。有一剎那，將軍忘記了自己身處何地，忘記了自己到這裡來是做什麼的。他發現那個受傷的男人也正在困惑打量著他。男人用極其微弱的聲音說：「請將軍您原諒我吧。」

「但是，你做了什麼要我原諒呢？」將軍疑惑問。

「在上一次戰爭中，您殺死了我的兄弟，搶走了我的財產，我曾經發誓要向您復仇。當我得知您要獨自一個人上山來找這位禪師的時候，我決定在您回來的路上，出其不意殺死您。但是，我遇到了您的侍從，他們把我砍傷了。如果沒有遇見您，現在我肯定已經死了。我原本想殺您，可是您卻救了我的命！我發誓餘生要做您的僕人，請原諒我吧！」

將軍沒有想到這麼容易就與一位宿敵和好了。下山以前，將軍最後一次重複了他的三個問題。禪師看著將軍說：「但是你的問題已經得到解答了。」

「什麼？」將軍不解問。

「昨天，如果你沒有因為我年老而對我生起了憐憫心，從而幫我挖這些苗圃的話，你肯定會在回家的路上受到那個人的襲擊。因此，最重要的時間是你挖地的時間，最重要的人是我，最重要的事情是幫助我。後來，當那個受傷的人跑到這裡來的時候，最重要的時間是你幫他包紮傷口的時間，否則他肯定會死的，你就失去了與他和解的機會。同樣的，他是最重要的人，而最重要的事情是照顧他。記住，只有一個最重要的時間，那就是現在，當下是我們唯一能夠支配的時間。最重要的人總是當下與你在一起的人，而最重要的事情是使你身邊的那個人快樂，因為只有這才是生活的追求。」

【禪悟管理】

緣起緣滅，起滅的中間，是現在。

只有一個最重要的時間，那就是現在；當下是我們唯一能夠支配的時間。

很多人，總認為自己的條件目前還不足，還不具備質變的可能性；總認為自己只要有足夠的資金，就可以做得和別人一樣好。這可能是事實，但是，他們本應該積極去爭取這些足夠的資金！作為領導者，一定要學會創造各種條件，以實現自己既定的目標。

當然，要記住，創造這些條件的時間是「現在」。

◎◎◎◎◎◎◎◎◎◎修行最好的時間是當下，做事最好的時間是現在◎◎◎◎◎◎◎◎◎◎

獨行沙門的醒悟

有個小沙門[7]想修成正果，卻又不願意受到僧團的限制，尤其是眾多的清規戒律，實在令他受不了。因此，他離開眾人，選擇了家鄉附近河邊的一株大樹，獨自在樹下打坐。

但是，由於他失去了佛陀的指導，所以人雖然有模有樣坐在這裡，心裡卻飛到了九霄雲外的繁華都市，幻想著榮華富貴的世間生活。

他修行的散漫被佛陀知道了，佛陀裝扮成一個普通的比丘[8]，來和他一同住在樹下。托缽（乞食）、打坐、經行，佛陀以身說法，示範著一個出家人應該怎樣如理如法清淨生活與刻苦修行。

一天晚上，一隻小烏龜從河水裡爬了出來，優雅挪動著，慢慢爬到了大樹邊，這時，一隻尋食的野狗發現了小烏龜，猛然撲了過來。小烏龜感到了危險，顯然來不及逃到河裡，就迅速將四條腿與頭尾都縮進了殼裡。烏龜殼很硬，儘管野狗將烏龜翻來翻去，卻始終沒有下嘴的地方。

野狗悻悻走了。等到危險過去之後，小烏龜的頭與腳又伸了出來，像什麼

⑦ 沙門，即指出家修道者。
⑧ 比丘，佛的出家弟子，男的叫比丘，女的叫比丘尼。

事都沒發生一樣，悠閒在月光下散起步來。

這一切，都被樹下的兩個人看得一清二楚。佛陀裝扮的比丘看了獨行沙門一眼，無不感慨說：「紅塵中的許多人，還不如這隻小烏龜呀！」

獨行沙門不服：「紅塵中的人有家丁、有僕人、有金銀財寶、有美酒佳餚、有美妻嬌妾，你怎麼還說他們不如小烏龜呢？」

佛陀說：「你剛才也看見了，小烏龜有保護自己的鎧甲，所以野狗無法吃掉牠。而世人只想著放縱七情六欲，就如同烏龜愚蠢在野狗面前肆無忌憚伸出頭、尾、腿腳一樣，豈不是危險萬分？要知道，老病死亡，貪嗔煩惱，正像野狗一樣，正在對我們的生命虎視眈眈呀！」

「你的說法太嚴重了，生命是逐步走向衰老的，不至於像你說的那樣脆弱吧？」獨行沙門不以為然，「等到我們年老之後，再認真修行也不晚。」

佛陀問道：「你知道我們人的生命有多短暫嗎？」

獨行沙門說：「總不至於早晨起來，晚上就會死去吧？」

佛陀搖搖頭，嚴肅說：「比這還要短暫。比如：你一口氣上不來時如何？」

「這……」沙門心知肚明，人，只要一口氣上不來，就一命嗚呼了。

佛陀總結說：「人的生命，在呼吸之間。因此，我們的修行要只爭朝夕，不能懈怠放逸。一口氣不來，後悔莫及。」

在佛陀的指導下，獨行沙門幡然驚醒。於是，佛陀為他詳細開示了斷欲念、除妄想的修行方法。他潛心修行，終於證得阿羅漢果位。

【禪悟管理】

駕駛溺水的船在大海中航行，不但不能到達目的地，而且還有沉沒的危險；同樣，貪嗔痴等煩惱的海水，還會日夜不停的滲透進我們的心靈。因此，若想遠行，首先要堵住漏洞。

任何一個公司都有一種危險的傾向：經營順利時便洋洋得意，似乎成功好像是當然的。還有一種更危險的傾向：有些人固執反對任何形式的改變，他們堅信「水來土掩」的準則。

但是，必須認識到，即使是目前最流行的事，幾年之後甚至幾個月之後，它也會全然改變。你不能永遠穩坐釣魚台。花樣繁複的口味和不斷加速的變化才是當今的形勢。

所以，一個更貼切的管理準則應該是：「未雨綢繆」。要發展自己，就要避開一切可能的危險。

捨多取少的盤珪禪師

每一年，盤珪永琢禪師⑨住持禪修期間，全日本各地的禪僧都會慕名前來持單⑪參學。那一年，盤珪永琢禪師的禪修會上，出現了從未有過的咄咄怪事：禪僧們屢屢遺失東西。

後來，一名外地來的學僧在行竊時被值日的僧人當場抓獲。佛教將偷盜列為大戒之一，因此，禪僧們對這個犯戒的害群之馬恨之入骨，紛紛要求將他遷單⑪。

盤珪禪師說，人非聖賢，孰能無過？當眾公開批評之後，繼續讓他參加禪修。不久，這個慣竊惡習復發，又被抓住了。然而，盤珪又一次將事情壓了下來，沒有按照僧人共同規要，將這個屢教不改的學僧趕出寺院。

⑨ 盤珪永琢禪師（西元一六二二年—一六九三年），是日本臨濟宗僧人，原籍兵庫縣。他修禪開悟之後，傳教足跡遍及日本關東與關西，受到了各方各面民眾的敬仰，被敕封為「大法正眼國師」。

⑩ 持單，亦稱「持搭」，是指僧人到寺院投宿。

⑪ 遷單，佛教用語，意思是違歸的人驅逐出寺。

這樣的「姑息養奸」，終於引發了所有禪僧的不滿。他們在短時間內紛紛聯合起來，向盤珪禪師提出，要麼執行寺規，將屢次違犯戒律的小偷驅逐出寺，要麼他們集體離開！

禪僧集體離開，對於一座寺院，對於一位方丈，是天大的恥辱！但盤珪禪師不急不躁，他從容將那個犯戒的學僧叫到身邊，撫摸著他的頭頂，懇切對大家說：「與這位小學僧相比，你們都是富有智慧的師兄。你們之所以能嚴守戒律，是因為你們明白怎樣是對的，怎樣是錯的。因此，就算你們離開我這裡，任何寺院都會歡迎你們，你們在任何地方都能學佛參禪。而這位有惡習的小兄弟，連是非都不能分辨，如果我不教他，誰肯教他呢？」

盤珪禪師停頓了片刻，毅然決然說道：「即使你們全部離開，即使我從此顏面掃地，我也要將他留在這裡，教導他成為一個慧心明目的禪者！」

此時，那位偷竊成癖的學僧痛哭失聲，撲通一下跪倒在大家面前，懇求大家原諒。

從此，這個學僧洗心革面，痛改前非，徹底根除了惡習。那些禪僧們也被師父「普度眾生」的菩薩心腸感動得淚流滿面。由此，他們更加深刻體會到了禪者胸懷的廣博。

【禪悟管理】

盤珪禪師的「捨多取少」，在我們看來是「丟了西瓜撿了芝麻」，似乎得不償失。然而，這卻恰恰是開悟的禪師才具備的至高境界。在大師的心靈中，沒有功利，只有責任。

假如這個故事發生在一個公司裡面，盤珪禪師的言行好像意味著向「劣根」之人傾注了愛心，似乎不太值得。但管理的關鍵恰在於此，只有這個少數員工得到素質的改造，整個公司才能產生素質的飛躍。

一隻木桶的裝水多少，是由最短的一塊木板決定的。因此，我們要想盡辦法改造它，才能提高桶的容量。

◎◎◎◎　找到短板，是執行之要　◎◎◎◎◎

萬法皆一禪心

龍潭崇信祖師⑫未出家前非常窮困，為了謀生，他在天皇道悟禪師寺旁，擺一個賣餅的攤子，連一個住所也沒有。

道悟禪師⑬憐惜他窮苦，就將寺中一間小屋給他居住。崇信為了感恩，每天送十個餅給道悟禪師。道悟禪師收下以後，每次總叫侍者拿一個還給崇信。

有一天，崇信終於向道悟禪師抗議道：「餅是我送給你的，你怎可每天還我一個，這是什麼意思？」

道悟禪師溫和解釋道：「你能每天送我十個，為什麼我不能每天還你一個？」

崇信抗辯道：「我既能送你十個，何在乎你還我一個？」

道悟禪師哈哈笑道：「一個你還嫌少嗎？十個我都沒有嫌多，一個你還嫌少？」

崇信聽後，似有所悟，便請求道悟禪師為其剃度，准他出家。

道悟禪師說道：「一生十，十生百，乃至能生千萬，諸法皆從一而生。」

---

⑫ 龍潭崇信祖師，唐代禪僧。出身、生卒年皆不詳。從天皇道悟出家，得悟玄旨。後結庵於澧州（湖南澧縣）龍潭禪院，宗風大振，世稱龍潭崇信祖師。

⑬ 天皇道悟禪師（西元七四八年—八〇七年），婺州東陽人（浙江金華東陽）。俗姓張，自幼神秀，儀表脫俗，長而神俊。

崇信自信應道：「一生萬法，萬法皆一！」

道悟禪師點點頭，說道：「萬法皆一禪心！」

道悟禪師欣然為其剃度，佛門又添一得道高人。

【禪悟管理】

結合故事談企業管理問題，故事中所說的一，其實就是企業文化，萬法就是企業管理。

企業文化之於企業猶如禪心之於禪道，它不僅僅是經營哲學，它還是以管理者的理念為核心的公司共同價值觀。

公司員工尋求的是誠實、公平、富於創造力的文化氛圍，並渴望在這樣的工作環境中實現個人成長，取得職業上的成就，而這也正是他們應當擁有的。

作為公司的管理者，你是這一文化得以形成的最重要源泉，不僅要透過語言，更要透過行動來捍衛它。如果你渴望受到員工的愛戴，你就要在一言一行中體現出這些文化價值。

◎◎◎◎◎一心納萬物，萬物歸一心◎◎◎◎◎

用莊稼替代雜草

在一座山上，有一個寺廟，院子裡有一塊地上長滿了雜草。

住持指著雜草問和尚們：「怎麼才能把這些雜草鋤去？」

有的和尚說用鋤頭鋤，有的說秋天用火燒。

住持搖搖頭：明年就知道了！

春天的時候，住持把這塊地翻開，種上了一畦莊稼，這片莊稼替代了過去的雜草。

【禪悟管理】

沒有人能夠去改變一個人舊有的習慣，但可以用新的習慣替代。許多管理者試圖改變員工身上的一些不適合本公司的習慣，往往是徒勞無果。

其實，當我們把目光放在員工身上去創造想要的新的習慣、新的做法時，老的習慣自然而然就會消失。

很多人有愛打麻將的生活習慣，很多家人試圖改變這個習慣，但往往都很難做到。可是如果有個比較好的電視劇或電影正在上映，我們就會發現，打麻將的人數會明顯減少。可以看出，改變別人打麻將的習慣最好方法就是：幫助打麻將的人找一個他認為更有意思的事情去做。

同樣，我們可以把這樣的道理用在公司裡，就是不強制改變舊有的習慣，而是用新的習慣去引導員工。

學會用新的習慣代替舊有的習慣

◎◎◎◎◎◎◎◎◎◎◎◎◎◎

將軍殺馬

有一個孤兒，從小在一個寺院裡長大，他跟隨一個武功極高的方丈學習武藝，長大後成了一位馳騁沙場的將軍。

由於他當了將軍，又有很好的戰績，所以與有錢的那些富甲豪商喝酒，總在所難免。每次他都喝得酩酊大醉，一邊東搖西晃，一邊和女人歡樂。他總是到離寺院有一段距離的一個村子裡享受他的放蕩生活，通常一週光顧一次。他的青春年華就這樣一天天虛度，自己的武藝也漸漸荒廢。

終於，有一天早上，傳授將軍武藝的老方丈狠狠訓斥了他一頓，責怪他不該像一個花花公子那樣無所事事。師父情真意切的話令他醒悟，將軍感到慚愧萬分，向方丈發誓說他再也不會去那個村子了。從此，他開始拼命訓練，立志一心向善，成為一個品行優秀的人。

一天傍晚，在進行了整日的野外訓練之後，將軍又累又乏，伏在他的愛駒上睡著了。馬兒本來應該馱他回家，但這天恰好是週末，也就是以前他去那個村子遊樂的時間。受過主人良好訓練的馬兒，一路上竟帶他往他的「樂土」去了。

當將軍醒來時，他發現自己違背了對師父所發的誓言。他又到了他不該到的地方。想到自己的失信，將軍忍不住掉下淚來。他凝視著自己的馬，這是他孩提時就伴隨著他的親密伴侶，是他除了親人以外的至愛。經過長久的沉默，他拔出劍來，殺了這匹馬。

【禪悟管理】

你是否殺了自己的馬？改變是痛苦的，無論一場改變可能為你帶來多大的好處，它都會使你失去一些古老的、你所熟悉的、讓你感到舒服的東西。所以舊習慣的根除並不那麼容易。

作為公司的管理者，你必須清楚：

第一，改變員工的行為是一個巨大的挑戰。員工不喜歡變化，既有的做事方式既省心，又輕易，而且步驟也十分清楚。

第二，任何時候，當一家公司尋求改變舊有的東西時，它必須準備放棄舊方式所帶來的種種好處。

很多公司堅持用舊的流程，是因為舊流程能夠產生結果。如果你想改變這些流程，切記，你同時會失去舊流程帶來的結果。

所以，在採取變革行動之前，必須仔細計算這樣做的成本。

小心揮舞變革這把雙刃劍

◎◎◎◎◎◎◎◎◎◎◎

蜘蛛修網

一座破舊的廟裡住著兩隻蜘蛛，一隻在屋簷下，一隻在佛龕上。

一天，舊廟的屋頂塌掉了，幸運的是，兩隻蜘蛛沒有受傷，牠們依然在自己的地盤上忙碌編織起蜘蛛網。

沒過幾天，佛龕上的蜘蛛發現自己的網總是被弄破。一隻小鳥飛過，一陣小風刮起，都會讓牠忙著修上半天。

牠去問屋簷下的蜘蛛：「我們的絲沒有區別，工作的地方也沒有改變。為什麼我的網總是會破，而你的卻沒事呢？」

屋簷下的蜘蛛笑著說：「難道你沒有發現我們頭上的屋簷已經沒有了嗎？」

【禪悟管理】

修網自然很重要，但了解網破的原因更重要。人們經常會看見忙得團團轉的管理者，這些在管理中充當救火隊的管理者就像那隻忙碌的蜘蛛一樣，沒有考慮過問題的根源是什麼。

一個管理者遇到任何事情，都要有從主要問題下手的習慣，即從關鍵處下手，避開細枝末節，找對問題的根源，這樣才能事半功倍。

如果你對事情之間的關係有清楚的認識，管理上自然能維持秩序與均衡。要在事情不同的起因上取得平衡，就要考慮問題的根源，抓住最關鍵的、最需要你下決心完成的事情去做，只要掌握了解決事情抓住關鍵這個原則，你的事業肯定會與眾不同。

抓住問題的關鍵◎◎◎◎◎◎◎

千佛山之路

有一年的夏天，一個年輕人在自己的事業之路上遇到了一個岔口，一時拿不定主意。百般困惑之際，他來到千佛山的菩提寺，向若無法師請教。

若無法師聽年輕人述說了自己的困惑後，二話沒說，就邀他去千佛山爬山。

上千佛山有三條山路可走，一條是環山公路性質的呈S型而上的柏油路，一條是時而台階時而漫坡的曲徑小道，另一條則是全部由石階構成的登山主道。

在山門入口處，若無法師對年輕人說：「這三條山道各有特色和景點，我倆究竟從哪條上去呢？」

年輕人想了想說：「反正只能選擇一條，你定吧。」

若無法師說：「我們一起上山，我定你定都行，要是你自己上山，這上山的道就只能你自己選擇、你自己定了，對嗎？」

沒等年輕人回答，若無法師又接著說：「不過，每條山道都是可以通往頂峰的，只要登上山的頂峰，就可以俯瞰整座大山的風光景色了。那時候也不會因為沒能走另外兩條山道，而有所遺憾了。」

聽到這裡，年輕人忽然明白了若無法師的一片佛心，也馬上選擇並堅定了自己要走的一條發展之路。

一年過後，事實證明了那個年輕人在山門外的果斷選擇是非常及時、非常正確的，更證明了若無法師開導心智的高明之處。

【禪悟管理】

世界上有無數條道路，而且「條條道路通羅馬」。可是，我們的雙腳只能踏上唯一的一條道路攀向高峰或走向遠方。

任何一個公司在執行某項重大決策的過程中，都不要猶豫不定，一方面為決策失敗準備策略，另一方面為執行決策而制定不必要的繁瑣規矩，這樣做出的決策一定會影響公司的發展進程及方向。

作為一個重要的管理者，一個主要決策的執行者，經常要面臨著幾條不同的道路，這時，管理者要能夠果斷進行選擇，沿著其中的一條到達自己的目的地。

◎◎◎◎◎◎◎◎◎◎◎自己選擇一條通往山頂的路

住在隔壁的兩個和尚

有兩個和尚住在隔壁。所謂的隔壁就是：他們分別住在相鄰的兩座山上的廟裡。這兩座山之間有一條小溪，由於這兩位和尚每天都會在同一時間下山去溪邊挑水，相處久了，兩位和尚便成了好朋友。就這樣，每天都挑水，不知不覺已經過了五年。

突然有一天，左邊這座山的和尚並沒有下山挑水，右邊那座山的和尚心想：大概是睡過頭了吧！哪知第二天，左邊這座山的和尚還是沒有下山挑水。第三天也一樣。過了一星期還是一樣，就這樣過了一個月，右邊那座山的和尚終於按捺不住，心想：我的朋友這一回恐怕病得不輕，我必須過去拜訪他，看看能幫上什麼忙。

等他到達左邊這座山的廟裡，看到他的老友之後，大吃一驚，因為他的老友正在廟前從容打太極拳，一點也不像一個月沒喝水的人。

他好奇問：「你已經一個月沒下山挑水了，難道你可以不用喝水嗎？」左邊這座山的和尚說：「來來來，我帶你去看。」於是，他帶著右邊這座山的和尚走到廟的後面，指著一口井說：「這幾年來，我每天做完功課後，都會抽空挖這口井，即使有時很忙，能挖多少就算多少。如今，終於讓我挖出井水了，就不必再下山挑水。而我也有更多的時間去做我喜歡做的事情。」

【禪悟管理】

事物在發展變化，要求我們必須用發展的觀點看問題，對事物的未來情況作出科學的預見，並使自己的行動建立在這種科學預見的基礎之上。

在激烈的商品競爭中，預見力更是具有非常重要的意義，在某種程度上，它甚至成為公司生存和發展的決定因素。

要把自己的遠見變為現實，需要管理者付出努力，制定一套實現遠見的策略。

◎◎◎◎◎◎缺乏遠見的人，會被未來的變化弄得目瞪口呆◎◎◎◎◎◎◎◎◎◎◎◎

第七章

管人管到心　溝通溝到底

菩薩眼裡人人都是菩薩。每個員工都是智慧俱足的萬物之靈，他們需要尊重，但不需要改造。

管理應「自心真誠」，這樣才能最大程度增強團隊的戰鬥力，也才有可能推開管理者成功的大門。

老禪師與弟子的問答

有個出家的和尚，是老禪師的得意門生，不過，他老是挨老禪師的責罵。有一次，老禪師又責備了他，他覺得自己真是非常委屈，因為在許多門生之中，自己是被公認的最優秀的人，但又偏偏常遭到老禪師指責，讓他感覺很沒面子。

一天，這個弟子憤憤不平問老禪師：「老師，難道在這麼多弟子當中，我竟是如此的差勁，以至於要時常遭您老人家的責罵嗎？」

老禪師聽後反問道：「假設我現在要上太行山，依你看，我應該要用良馬來拉車，還是用老牛來拖車？」

弟子回答說：「再笨的人也知道要用良馬來拉車。」

老禪師又問：「那麼，為什麼不用老牛呢？」

弟子回答說：「理由非常簡單，因為良馬足以擔負重任，值得驅使。」

老禪師說：「你答得一點也沒有錯，我之所以時常罵你，也只因為你能夠擔負重任，值得我一再教導與矯正你。」

【禪悟管理】

雖然這只是一個很簡單的故事，不過從這個故事中，我們卻可以看出有效溝通的重要性。老禪師假如與這個弟子沒有進行有效溝通，不理解老禪師透過磨練對他的栽培提攜之意，很可能就認為是老禪師對他有意刁難，由此這個弟子可能就會做出違背老禪師本意以及不利於團隊的事情，產生不堪設想的後果。

該故事啟示我們：

第一、員工應主動與團隊管理者溝通。

第二、團隊管理者應該積極和團隊成員溝通。

第三、溝通是雙向的，不必要的誤會都可以在溝通中消除。

所以，加強團隊內部的溝通管理，一定不要忽視溝通的雙向性。

溝通，從心開始

◎◎◎◎◎◎

固執的騾子

古時候，人們多用腳力極佳的騾子來馱運沉重且不易搬運的貨物。但是，很多人可能都知道的一點就是，騾子的體力雖然很好，但也有著讓人為之苦惱的缺點——就是脾氣太大。

假若一頭騾子發起脾氣來，牠的四蹄就會像釘上了釘子一樣，固定在地面，一動也不動；無論貨主人如何拼命用鞭子抽打，騾子仍然固執待在原地，一動不動地堅持牠特有的騾子脾氣。

這一天，一位老和尚和一個小徒弟就遇到了這樣的情況。

小和尚生氣對著不肯向前邁步的騾子，高高舉起了手中的鞭子。

老和尚趕忙制止了他：「慢著！每當騾子鬧脾氣的時候，有經驗的主人，不會拿鞭子抽打牠，那樣只會讓情況更加嚴重。」

小和尚忙問：「那該怎麼辦啊？」

老和尚說：「你可以運用智慧，很快從地上抓起一把泥土，塞進騾子的嘴巴裡。」

小和尚疑惑問：「騾子吃了泥土，難道就會乖乖繼續往前走了嗎？」

老和尚搖搖頭說道：「不是這樣的，騾子會很快把滿嘴的泥沙吐個乾淨，然後，在主人的驅趕下，才會往前走。」

小和尚更加吃驚了，說：「怎麼會是這樣呢？」

老和尚微笑著繼續說道：「道理很簡單，騾子一直在忙著處理口中的泥沙，便會忘了剛剛生氣的原因，此刻，在主人的驅趕下，也就往前邁蹄了。」

小和尚按照這種方法試了試，果然十分奏效。

【禪悟管理】

老和尚說的這個往騾子嘴裡塞泥土的做法，只不過是轉移了騾子的注意力而已。

其實，這個方法用在用在騾子身上有效，用在人發脾氣的時候，也同樣奏效。

管理者在日常管理工作中，總會遇到不滿意和充滿抱怨的下屬，此時，正確的做法不應該是壓制，強行讓下屬被迫服從；也不應該是漠視，不管下屬如何發怨氣，甚至對其採取聽之任之的態度。

比較適當的做法是：在那種狀況下，動腦筋，盡可能採取有效的方法進行疏導，轉移下屬的注意力。這樣，就能夠有效避免長期積怨，在預料不到的時候突然爆發，給公司的正常工作造成混亂，最後導致彼此嫉恨，影響工作。

人人互相怨恨，影響的是大局

◎◎◎◎◎◎　◎◎◎◎◎◎

禪師因何而斷腿

深山古剎之中，住著一位禪師，帶著兩個小徒弟。禪師腿有風濕症，行動不方便，每天由兩個小徒弟捶腿按摩，以減輕痛苦。

每次，當大徒弟按摩右腿時，禪師就說：「你師弟按摩左腿，按摩得很舒服，你應該像他那樣按摩才好。」大徒弟聽了，心裡很不高興。但當小徒弟按摩左腿時，師父也總是說：「你師兄按摩右腿，按摩得很好。所以你要向他學習。」小徒弟聽了，心裡也很不舒服。

這一天，小徒弟有事外出，大徒弟來按摩師父的腿時，心裡想著師父老是誇獎師弟，心裡越來越氣，終於決定把師弟按摩的師父的左腿打斷了。

小徒弟辦事回來，發現他按摩的師父的左腿被打斷了，一下子就明白了，一氣之下，也把師兄按摩的右腿打斷了。

兩個徒弟因為憎恨、嫉妒，把師父的雙腿都打斷了，最後這位禪師竟然變成了沒有腿的跛子。

【禪悟管理】

故事中的兩個徒弟的確是心量太黑太小，但話說回來，如果那個禪師學會表揚他的弟子，而不是挨著個的批評和貶低他們，相信他自己也不會遭受這樣的厄運吧。

事實上，每個人都是如此，在自己付出了必要的情感和勞動之後，總是期待著別人的讚許和回應。對他人所付出的熱情和勞動表示讚許，是送給別人的最好的禮物和報酬，是搞好人際關係的一筆暫時看不到利潤的投資。

對他人表示讚許是極為有效的一種溝通方式，因為：

它表達的是一片善心和好意。

傳遞的是你的信任和情感。

化解的是你有意無意間與人形成的隔閡和摩擦。

因此，在日常管理中，要盡量多讚美、少批評下屬，如果你真的想和他們做心與心的溝通的話。

◎◎◎◎◎◎不能讚美他人，便無法獲得別人的讚美◎◎◎◎◎◎◎◎◎

像螺絲釘一樣婉轉曲折

有一位老禪師，他住在山頂上的一個舊廟裡，由於他為人謙和，常無私幫助別人，因此山下村落裡的男女老少都非常尊敬他，不管遇到大事小情，他們都來找他，請求他提供忠告。

但這位禪師總是笑瞇瞇說：「我能提供什麼忠告呢？」

這一天，有一位年輕人懷著一顆虔誠的心，向禪師尋求忠告。這個年輕人似乎早就聽說這位禪師總是極力避免向別人提出忠告，因此他苦纏這位禪師不放，力求以真誠之心感動禪師。

禪師無奈，轉身找來兩塊很窄的木條，兩把釘子——一把螺絲釘，一把鐵釘。同時，他還拿來一個榔頭，一把鉗子，一個螺絲起子。

他先用錘子往木條上釘鐵釘，但是木條很硬，他費了很大的勁，也釘不進去，即使把釘子砸彎了，也釘不進去。不一下，好幾根原本直直的鐵釘都被他砸彎了。

最後，老禪師用鉗子夾住釘子，用榔頭用力砸，釘子雖然彎彎曲曲被釘到了木條裡面去了，但他也前功盡棄了，因為那根木條也裂成了兩半。

這時候，老禪師又拿起螺絲釘、螺絲起子和錘子，他把釘子往木板上先輕輕砸一下，讓釘子得以立在木板上，然後拿起螺絲起子擰了起來，沒費多大力氣，螺絲釘鑽進了木條裡，這個操作過程顯得非常輕鬆。

老禪師抬起頭來，似在自言自語似對年輕人做出了開示：「忠言不必逆耳，良藥不必苦口，人們津津樂道的逆耳忠言、苦口良藥，其實都是蠢人的蠢方法。那麼硬碰硬事實上對誰都沒有什麼好處。說的人生氣說，聽的人上火的聽，雙方都傷了和氣。我活了這麼大把年紀，只有一條人生經驗，那就是永遠不向任何人直接提出忠告。當需要指出別人的錯誤的時候，我會像螺絲釘一樣婉轉曲折表達自己的意見和建議。」

【禪悟管理】

「忠言逆耳，良藥苦口」，似乎我們都是理所當然認為這是絕對正確的真理，而故事中的這位禪師卻堅決認定「忠言不必逆耳，良藥不必苦口」。這的確值得我們玩味其意。

在實際工作中，哪一個下屬恐怕都不希望自己被主管批評，畢竟，那是一件看上去很丟臉的事情。聰明的管理者總能夠很恰當把握批評的尺度和方法，使批評達到春雨潤物無聲、甜口良藥也能治病的效果。

身為管理者，一定要掌握批評的藝術，當面指責下屬的錯誤或者一、二、三給出堂而皇之的忠告，往往只會招來對方頑強的抵抗情緒，而巧妙的暗示對方的錯誤，則一定會受到對方的愛戴，進而接受你的管理。

講話再三思慮，必能各方圓融

◎◎◎◎◎◎　◎◎◎◎◎◎

神奇的掌聲

山上有座寺院，山下泉水丁冬，草綠魚肥。由於此處環境幽雅，每年秋天，都引來一群仙鶴到這裡休養生息。可以說，每到這個時節，山下仙鶴戲蝦的絕美圖景定讓人心曠神怡。

這年秋天，寺院裡新來了一個小和尚，當有一天他在黃昏後，在夕陽的餘暉下，看到仙鶴在泉水邊覓食的情景，他不禁欣喜萬分，高興得手舞足蹈起來。

於是，每到黃昏的時候，他就偷偷溜到半山腰，去觀賞那群美麗的仙鶴。可是，幾天過後，他突然困惑起來，是因何困惑呢？原來，他在山頂觀看仙鶴的時候，發現那些仙鶴都是有兩隻腿的，可是當他下到半山腰，再仔細觀看的時候，發現那些鶴竟然每隻只有一條腿，靜靜的立在河邊或岸邊的石頭上。

小和尚為此整日沉思，總是不能得到很好的答案。於是，他就跑到老和尚那裡，想聽聽師父是怎麼看的。

老和尚聽完小和尚的問題之後，哈哈大笑起來，說：「我不相信。」

小和尚見老和尚不相信自己說的話，就拉著老和尚的衣角往寺院外面跑去。在山頂處，果然，還和每天一樣，看到的是每只仙鶴都有兩條腿，但他們一步步下到半山腰的時候，卻發現那些仙鶴，就又每隻只有一條腿了。

小和尚說：「師父，除非是我的視力出了問題，否則在山頂和在半山腰我看到的情景怎麼不一樣啊？」

老和尚微笑著說：「如果你觀看牠們的時候，欣賞到了牠們的美麗，你就要給牠們一點掌聲，有了掌聲做鼓舞，牠們就一定把另一條腿也伸出來給你看。」說著，老和尚用力拍起了巴掌：「啪、啪、啪、啪……」連續響個不停的鼓掌之聲，驚動了鶴群，仙鶴們紛紛奔跑，或入水，或躲向遠處。能奔跑的仙鶴，當然有兩條腿！

當然，事情的原委是這樣的，當小和尚在山頂看仙鶴的時候，牠們正在進食，所以雙腿自然是伸展開的。而當小和尚下到半山腰的時候，由於山頂到半山腰的路程較遠，此時候的仙鶴早已吃飽了肚子，收起一條腿，立在那裡養精蓄銳呢。所以，小和尚在半山腰觀鶴的時候，乍看之下，仙鶴好像只有一條腿似的。

【禪悟管理】

仙鶴的兩條腿當然不是由掌聲生出來的，但是，美好的掌聲，人們永遠需要。鼓勵與讚美，對於管理者來說，是最廉價、最高效的投資。

現代教育學家說，好孩子是誇出來的。同樣，優秀的下屬、誠摯的夥伴，良好的氛圍，也都是人與人之間相互體諒、樸素鼓勵、相互讚美所創造出來的。

佛經中講過這樣一個不可思議的事情：「隨喜功德」——看到或聽說別人做好事，儘管你沒能力做，只有你真誠讚美他，你所獲得的功德，就會與他一樣多！其道理不言而喻。

你的員工，他們若受到您的鼓勵、讚美，就會與您產生感情的共鳴。工作起來感到快樂的人，不但會充滿活力，提高效率，而且更能激發出天才的創造力。這樣，我們的企業必將興旺發達！

◎◎◎◎◎◎與其用力服人，不如用德感人◎◎◎◎◎◎

借宿的兩個僧侶

兩個雲遊中的僧侶到一個富有的家庭借宿。這家人對他們並不友好，並且拒絕讓他們在舒適的客房過夜，而是在冰冷的地下室給他們找了一個角落。當他們鋪床時，較老的僧侶發現牆上有一個洞，就順手把它修補好了。年輕的僧侶問為什麼，老僧侶答道：「有些事並不像它看上去的那樣。」

第二個晚上，兩人到了一個非常貧窮的農家借宿。主人夫婦倆對他們非常熱情，把僅有的一點點食物拿出來款待客人，然後又讓出自己的床鋪給兩個僧侶。第二天一早，兩個僧侶發現農夫和他的妻子在哭泣，他們唯一的生活來源——一頭乳牛死了。年輕的僧侶非常憤怒，他質問老僧侶為什麼會這樣：第一個家庭什麼都有，老僧侶還幫助他們修補牆洞，第二個家庭儘管如此貧窮還是熱情款待客人，而老僧侶卻沒有阻止乳牛的死亡。

「有些事並不像它看上去的那樣。」老僧侶答道，「當我們在地下室過夜時，我從牆洞看到牆裡面堆滿了金塊。因為主人被貪欲所迷惑，不願意讓別人來分享這筆財寶，所以我把牆洞堵上了。昨天晚上，死亡之神來召喚農夫的妻子，我讓乳牛代替了她。所以有些事並不像它看上去的那樣。」

【禪悟管理】

這個故事告訴我們：有些時候，事情的表面與事實本身恰恰相反。

這就啟示我們的管理者，有效的溝通才能弄清事情的真相，才能校正自己在某些方面的偏差。

因此，在一個公司裡，身為管理者，應善於利用各種機會進行溝通，甚至創造出更多的溝通途徑，與成員充分交流。

管理者要進行有效溝通，可以從以下幾個方面著手：

一是必須知道說什麼，就是要明確溝通的目的。

二是必須知道什麼時候說，就是要掌握好溝通的時機。

三是必須知道對誰說，就是要明確溝通的對象。

四是必須知道怎麼說，就是要掌握溝通的技巧。

這四個問題，可以用來自我檢測，看看自己是否能進行有效的溝通。

送他一輪明月

一位在山中茅屋裡修行的老禪師月夜散步歸來，發現一個小偷在他的茅屋裡偷東西。老禪師知道小偷在屋裡不會找到什麼值錢的東西，便從容走進屋裡，看見小偷躲在門後，便脫下自己身上的大衣披在驚魂未定的小偷身上，並平靜說道：「你走老遠的山路來探望我，總不能讓你空手而回呀！」

望著消失在夜色中的小偷的背影，老禪師感慨說：「但願我能送他一輪明月，照亮他在夜晚的前程。」

第二天早上，老禪師一睜開眼睛，發現那件披在小偷身上的大衣疊得整整齊齊放在門口。老禪師高興極了：「我終於送了一輪明月！」

【禪悟管理】

這個故事，我們首先一定會被老禪師那博大、寬容的慈善之心深深折服，同時也為小偷得到「一輪明月」而心靈被感化而高興、慶幸——這就是寬容的無限力量、無窮魅力。

透過上面的例子，設想一下除去其他因素，歸結到一點：主人公在今後的人生之路上，一定會有所作為，而且這也一定與這個寬容的老禪師不無關係。可以說，由寬容喚起的潛意識，一定會矯正那個小偷的人生之舵。

其實這都涉及一個問題，就是怎樣理順人與人的對應關係，使其達到和諧的統一，你可以把對方「管」得規規矩矩，「理」得筆筆直直，但你不會運用寬容，就可能把人的可塑性和創造力給泯滅了。

寬容是一首優美動聽的歌，領導者要學會寬容。

寬容之心才能度人

◎◎◎◎◎◎◎◎

禪宗三境

蘇東坡經常與照覺禪師論道，當談及「情與無情，同圓種智①」的話時，忽有省悟，做了「未參禪前」、「參禪時」與「參禪悟道後」三偈，以表心得。

未參禪前的境界是：

橫看成嶺側成峰，遠近高低各不同；

---

① 情與無情，同圓種智，是指佛性空與法性空是一體，雖然是一體的，但是這一念菩提心、覺性，你的還是你的，我的還是我的。

不識廬山真面目，只緣身在此山中。

到了參禪時，其心得是：

廬山煙雨浙江潮，未到千般恨不消；

及至歸來無一事，廬山煙雨浙江潮。

及至參禪悟道以後，其心境是：

溪聲盡是廣長舌，山色無非清淨身；

夜來八萬四千偈，他日如何舉似人？

宋代青原唯信禪師說得更直白：「老僧三十年前未參禪時，見山是山，見水是水；及至後來，親見知識，有個入處，見山不是山，見水不是水；而今得個休閒處，依前見山只是山，見水只是水。」

【禪悟管理】

見山是山，見水是水，是執迷於世俗外物的境界；見山不是山，見水不是水，是對世俗的否定，對佛法的執著；見山只是山，見水只是水，卻是禪師徹底擺脫了佛法的束縛，否定了對佛法的執著，即否定之否定的境界，這才是真正的解脫，領悟了佛法的真諦。

由此，可以引申到管理，也可看出管理的三重境界。

第一境界：是為管理而管理，將員工當作「外人」來防範，結果只能是管住了人的身，而管不住人的心。

第二境界：是為「理」而「管」，因「管」而「理」。將管理當作手段，而不是目的，結果是管住了人身，部分管住了人心。

第三境界：是不「管」而有「理」，這一境界才是管理的最高境界，也是全世界公司管理者不斷追求的管理目標。

要達到這第三層的管理境界，管理者應學會「禪」的管理，即與禪師一起站在人生的最高「樓」，以「禪」的大經營、大管理理念，將管理逐步提升到禪宗的那種「萬古長空，一朝風月」的最高境界。

勞心者，當畢生追求最高的管理境界

◎◎◎◎◎◎◎◎◎◎◎◎◎◎◎◎

酒與水是不同的

一個和尚因為喝酒犯戒，被眾僧扭送到方丈那裡。那個和尚預感到方丈要懲罰他，就說：

「首先，請允許我向方丈提出幾個問題。」

「你問吧。」

「我如果吃了沙棗，這不好嗎？」

「沒有什麼不好。」方丈回答。

「如果我再喝些水，這有罪嗎？」

「沒有罪。」

「然後我躺在陽光下晒一下，這是不是犯法？」

「當然不是。」方丈說。

「那為什麼棗加上些水放在陽光下釀成的酒，您就說有罪，並聲明禁止呢？喝了這種酒，您就認為破壞了寺規了嗎？」那個和尚質問方丈。

方丈想了想，沒有回答他的質問，而是反問道：「現在我向你提幾個問題。如果我向你潑水，這會使你得病嗎？」

「不會。」那個和尚回答。

「如果我往你頭上倒點黏土，你會殘廢嗎？」

「當然不會！」

「那麼我把黏土摻些水做成磚頭，再放在太陽下晒，然後用這種磚頭猛力擊你的頭，這有什麼後果？」

「磚頭會打破我的頭，甚至我可能死去。」那個和尚回答。

「那很好，」方丈說，「你提到的這種酒也是這樣。如果用水和黏土做出的磚頭會砸破頭，那麼用水和棗釀成酒，喝了會酗酒鬧事，破壞法律。」

【禪悟管理】

當面對別人狡辯的時候，你不需著急，也不用生氣，只需學著對方的方法，設法把他的「球」踢回去就行了。

任何一個管理者，在下屬犯錯的時候，該批評和懲罰的時候，是不能手軟的。但是應該盡量做到以理服人，多聽聽下屬的解釋。當然，也不能讓犯有嚴重錯誤的人憑著狡辯輕易過關。

請記住：批評和懲戒下屬的時候要允許申辯。但是，一旦搞清楚了事實，就要堅決懲治那些肆意違規者。

以其人之道還制其人之身
◎◎◎◎◎◎◎◎◎◎◎◎

二十四字解怨法

有位男子向禪師請教這樣一個問題：「我的妻子非常折磨人，我哄她嚇她，甚至和她鬧離婚，該想的辦法都想了，就是無濟於事。現在我是和她離婚又離不了，在一起生活又有怨氣，您說我該怎麼辦？」

禪師問他：「當你大發雷霆的時候，她會不會向你低頭呢？」

「她會低頭，要不然我們早就離婚了。」

「但她回頭是不是要從別的地方找麻煩，把受的氣再還給你，好讓自己心裡平衡？」

「是這樣吧，可是……」

禪師說：「你不要辯解找面子。要不然你來我往的，和你在家爭吵有什麼區別？我有必要陪著你這樣子嗎？」

禪師沉默了一下，見這位先生沒跳起來發脾氣，覺得「棒喝」之下，他居然接了，於是笑顏逐開說：「你若要真正解決問題，就要明白：以怨報怨，無休無止；以恕報怨，終得休息。行忍息怨，名如來法。」

【禪悟管理】

「以怨報怨，無休無止；以恕報怨，終得休息。行忍息怨，名如來法」是佛法中解怨的方法。的確，有怨終須解，如不解除，雙方都很痛苦。而解除的唯一方法，就是「忍」，而後以愛化解。

否則，以怨去解怨，無論怎樣，都是冤冤相報解除不了。以不怨恨和愛心去解除彼此的怨恨，這是宇宙間永恆不變的真理。

一個管理者，絕不能脫離下屬過著離群索居的單調生活，一定要和他們廣泛接觸。人與人之間接觸相處，本來應該要親善和愛，才能增進彼此間的幸福情誼。所以，做管理工作更應如此。可是由於員工及管理者自身的個性不同，知識不同，做事方式不同，往往因為工作上的一些分歧而起爭執使部門人員之間合作關係破裂，互增痛苦，甚至給公司的發展帶來不利影響。

因此，身為管理者一定要拿出管理者的大家風範，勇敢邁出第一步，以忍息怒，進而達到管理的目的。

以忍息怒，以愛和解
◎◎◎◎　◎◎◎◎

向觀音菩薩訴苦的孔雀

孔雀因為大家都愛聽黃鸝歌唱，而自己的歌聲則只會招致嘲笑而苦惱，就向觀音菩薩訴苦。

觀音菩薩對孔雀說：「我的孩子，別忘了，你的項頸間有著如翡翠般熠熠生輝的羽毛，你的尾巴上有華麗的尾翼，所以你是很出色的。不要心存嫉妒。」

孔雀仍不滿足：「可是在唱歌這一項上有人超過了我，像我這樣唱，跟啞巴有什麼區別呢？」

觀音菩薩回答道：「上天已經公正分給你們每樣東西：你擁有美麗，老鷹擁有力量，黃鸝能夠歌唱，喜鵲報喜，烏鴉報凶，這些鳥，他們都很滿意我對他們的賜予。」

得到觀音菩薩的答覆，孔雀終於滿意了，張開翅膀飛了起來。自此之後，當孔雀想在人們面前展示自己的時候，就會亮出自己的羽毛。

【禪悟管理】

如果觀音菩薩沒有及時為孔雀打開心鎖，恐怕孔雀仍然會為黃鸝的歌喉比自己動聽而悶悶不樂，而忽略了自己的美麗其實也是黃鸝所羨慕的。

在成功的公司裡，最重要的是溝通。溝通是公司了解員工所想所思，並能因此採取相對的解決辦法的最直接手段。

良好的溝通氛圍，能使公司內的資訊暢通傳遞，促使決策人員快速做出決定，促使員工保持較高的工作效率。

因此，有效溝通是公司成為一個高效、透明的優秀組織的前提條件。

溝通制勝◎◎◎◎

離佛不遠

一位學者來拜訪峨山禪師②，並問他：「您讀過基督教的《聖經》嗎？」

峨山禪師謙虛說沒有，讓他讀幾段內容來聽聽。

學者打開《聖經》，翻到〈馬太福音〉那一章，讀道：

「何必為衣裳憂愁呢？你想田野裡的百合花怎麼長起來？它也不勞苦，也不紡織，然而我告訴你們，就是所羅門極榮華的時候，他所穿戴的，還不如這一朵花哩！」「所以，不要為明天憂慮，因為明天自有明天的憂慮……」

峨山禪師聽到此點頭說道：「說這話的人，無論他是誰，我認為他是個已有所悟的人。」

學者繼續讀道：「求則得之，尋則見之，叩則開之。因為不論何人，皆可求得，尋見，叩開。」

峨山禪師聽到此，高興說道：「很好。不論說這話的人是誰，他確實是一位已經離成佛不遠的人了。」

---

② 峨山禪師（西元一二七五年—一三六五年），又名峨山韶碩，日本曹洞宗僧，俗姓源。

【禪悟管理】

所有宗教的最終目的都是服務於世人的，從這一點來講，各種教派之間是應該能夠求大、存小異而互相包容的。此峨山禪師有此泱泱大度，不失一禪者的風範。

話說回來，一個管理者也應像禪師那樣，對與他方人員所提出的不同見解及主張應予以客觀分析。要知道，所有工作人員的最終工作目的都是為了給公司創造更大的利益，都是在為公司的發展著想。每個下屬包括其他部門的外來見解及主張存在不同，是很正常的事情，切不能因為與自己的想法不同而一味排斥他方意見，這一點是最要不得的，也是管理工作的大忌。

用心傾聽他人最美妙的歌聲

◎◎◎◎◎◎◎◎◎◎◎◎

不為生氣種蘭花

唐代有位名叫慧宗的禪師極愛蘭花。他精心培育的蘭花枝葉葳蕤，清芬四溢讓整個寺院充滿了生機。每次出外雲遊他都囑咐再三，要弟子們好好照料那些蘭花。

一次夜裡忽降大雨，弟子們忘了把蘭花搬到禪房。早上起來後只見被疾風驟雨蹂躪的蘭花花葉委地，一片狼藉，弟子們傻眼了。

慧宗正好從外邊回來，弟子們一個個垂下頭等待師傅訓誡。慧宗看看蘭花又看了看心懷忐忑的弟子微微一笑：「沒什麼，我種蘭花，一是希望用來供佛，二是希望為了怡養性情，我不是為了生氣而種蘭花的啊。」

【禪悟管理】

總以為修身養性非要經歷千錘百鍊的砥礪。其實不然，它是從生活中的點滴開始，就在我們的視線裡。超然物我的心態裡，那些紛爭和意外不過是一個不和諧的雜音。我們來到這個或許並不美好的世界上，原本真的不是為了生氣啊。

在管理工作中，可能很多管理者都碰見過這樣的事情，就是下屬在接到你指派給他的工作任務後，並不是按照你最初所指示給他的方法去處理事情，而是自作主張另行其事。這樣做的後果是，有時會比預想的結果還要令人滿意，有時卻將事情搞得一塌糊塗。

針對這樣的下屬，一方面，你要因看到令人滿意的成績而對該下屬提出表揚，同時對其未按照指示工作而提出必要的批評；另一方面，假若你看到的是一個無法收拾的爛攤子，那你就要及時與他做好必要的補救工作，事後再與其進行心平氣和的溝通，防止類似事件的發生。

總之，這樣管理的要點是，你一定不要帶著怨氣去工作或溝通，否則，一切都將前功盡棄！

以平和的心態對人 以中正的心態對事
◎◎◎◎◎◎◎◎◎◎◎◎◎◎◎◎

第八章

事業無完美　但求無愧心

人，無法要求「萬能」，但至少應做到「無愧心」，就能堪受擔當；事，無法要求「完美」，但至少要能「完成」，才算盡到己責。

一個優秀的人，凡事絕不輕易拒絕，給人以希望；一個能幹的人，肯將利益分享給大家，給人以歡喜；一個慈悲的人，一定樂於主動服務，給人以方便。

潛能衝破難關

老禪師攜著小和尚在山間漫遊，藉著山水當中的靈秀之氣，老禪師不斷給小和尚在智慧及靈性上予以開導。

正當他們悠然在林中散步時，突然，小和尚一聲驚叫，指著遠方急切喊道：「師父，您看——」

老禪師一眼望去，見到一隻口中流著饞水的惡狼，正使足全力，追著一隻倉皇而逃的兔子。

小和尚當下便立即問道：「師父，要不要救救那隻兔子？我看牠跑得好可憐。」

老禪師笑了笑，說：「不急，我出個題目，你猜，這隻惡狼能不能追得上那隻兔子呢？」小和尚想了想，回答道：「應該很快就追上了吧！」

老禪師正色道：「不對，惡狼追不上兔子。」

小和尚詫異問：「為什麼？」

老禪師慈祥說：「那是因為惡狼牠所在乎的，不過只是一頓午餐，追不上兔子，牠可以轉而再捕食其他的東西，但是對兔子而言，那就大大不同了，牠若是被惡狼追上，自己的性命也就沒了。當然兔子會用盡全部潛能來逃命，所以我說，惡狼追不上兔子！你看吧——」

小和尚轉身一看，果然如老禪師所說的那樣，狼與兔子之間的距離越來越遠。到最後，惡狼終於放棄繼續追兔子，轉過頭去，再另尋其他的食物。

小和尚佩服老禪師先知灼見之餘，又想到一個問題：「師父，照這麼說來，惡狼明知永遠追不上兔子，那麼一開始，牠又為什麼會想到要去追兔子呢？」

老禪師摸著小和尚的頭說：「也不能說狼永遠追不上兔子，只要狼群一起行動，兔子跑得再快，還是逃不出牠們的圍捕，也許那隻惡狼在開始追兔子時，也希望能遇上夥伴的支援吧？」

【禪悟管理】

相信自己吧，你的力量是無窮的，你是上帝創造的最完美的人。

有人之所以能成功，或許他正如兔子一般，凡事全力以赴，故而得以正確激發潛能。而有人遭遇失敗，或許猶如惡狼一般，只是為了糊口，而不願多用心力，來讓事情變得更好。如果自認為已經全力以赴了，還要面臨失敗的恐懼，不妨學學狼群的哲學，尋求幫助、同心協力分工合作，相信會有另一番新局面呈現出來的！

在事業的發展道路上，你要用盡你全部的智慧和力量，要相信自己即是佛，是可以處理很多繁雜事物的。只有如此，你才不會因為客觀原因造成的失敗而遺憾終生。

做事要有戰鬥的精神◎◎◎◎◎◎◎◎◎

琰圭取經

一個叫琰圭的苦行僧從東海（這裡指太平洋）之濱起身，沿著赤道去西天（如今的印度）取經。他每天與太陽一起動身，在太陽剛剛升起的時候，就行色匆匆向西走，而且越走越快，似乎要趕上自己的影子，踩上自己的影子。

直到正午時分，他的身影終於被他趕上、踩在他的腳下，他才蹲下來，坐在自己的身影上吃點東西喝口水。然後又開始與自己賽跑——他奔走的速度越來越快，一心一意想拋下自己的身影。

直到日落西山，他身後的影子真的不見了，他才找個棲身之處，酣酣睡上一覺。太陽再次升起時，他又動身起步開始新一天的征程，周而復始與自己的影子賽跑。

據說，琰圭和尚是繼玄奘之後又一個隻身抵達西天印度的僧人，而與玄奘不同的是，他是沿著赤道西行的。況且，玄奘用了整整十七年的時間，而琰圭僅用了三年。

【禪悟管理】

人生是一個不斷追求的過程，一個人在他追求成就的過程中的態度如何，比他最後的成就有多大更重要。

成功者與失敗者之間最大的差別就是：成功者始終用最積極的態度、最樂觀的精神支配和控制自己的事業進取之心。而失敗者恰恰相反，他們總是怨天尤人，從不在自己的態度上找原因。

態度決定一切，工作無巨細，都要全力以赴，力求做到最好，這應該是每一個企業管理者的準則。

做人做事要用心◎◎◎◎◎◎◎

公司就是修道場

禪宗本是釋迦牟尼佛教的心法，是佛教根本教義的一個中心論點，它是佛說一切法門之中的大總相法門①。中國禪宗的智慧是從佛教傳下來的，而佛教又是從古印度傳過來的。可以說禪宗發源地是遙遠的印度。

佛教大約在東漢明帝時候傳入中國，然後開始緩慢發展，與中國傳統的儒家、道家思想融合淬鍊。

禪宗公認的始祖——達摩祖師南北朝時期來到中國，被稱為是中國禪宗第一代開山祖師。達摩大師傳道，經過二祖慧可大師，再經過三祖僧璨大師、四祖道信大師、五祖弘忍大師，一直到六祖慧能大師，禪宗才開始發揚光大，並成為國家承認的宗教。

① 大總相法門，即能衍生出一切佛法的母法。

慧能死後禪宗演變了五宗：青原行思、南嶽懷讓、荷澤神會、永嘉玄覺、南陽慧忠。其中以南嶽懷讓——馬祖道一和青原行思——石頭希遷最盛，數傳後演變為溈仰、臨濟、雲門、曹洞、法眼五宗，這些就是我們今天常見的禪宗派系。

禪宗最大的宗旨就是「教外別傳，不立文字；直指人心，見性成佛」。禪宗大師們認為吃喝拉撒無非修行，砍柴燒水都可成佛——這些革命性的思想一直影響至今。

禪是東方哲學的重要資源，它結合了儒、道、佛的精神。但禪不是什麼神奇玄妙的現象，也不是佛教專有的名詞，而是自然天成的本來面目，是原原本本的本心自性。

禪不是出家人的專利，也不是只有深山古剎裡的老和尚才參禪入定，因為禪就是佛性，所以人人都可以參禪。

如果你現在在公司裡面日夜操勞，事實上，你也在修行。可以說，公司就是修道場。

【禪悟管理】

古代的禪師們，在生活中的每時每刻都在用心悟禪：

六祖禪師以一舂米行者開悟得法，百丈禪師堅持「一日不作一日不食」，香嚴智閒之鋤地以瓦礫擊竹而開悟，龍潭崇信之煎餅求道，隱峰禪師之推車度眾，南泉普願之牧牛砍柴……

禪師們都是在生活中參禪成功，實現了自我昇華。

作為管理者，工作的時候，也應以禪的那種平靜、求實、輕鬆的心態去做工作，這樣才是在有效率做事。包括開會、接待客戶、研究課題、簽署檔等等，都要以一顆禪心做事，將公司當作修道場。

我們無法保證自己每個行動都能促成成功，但以一顆參禪的心用心做事，就一定會有所收穫！

工作也是修行

◎◎◎◎◎◎

把握好今天

有個小沙彌，出家之後，每天的職責就是清掃寺廟院子。每天早上，他都要起早來掃地。院子其實很乾淨，唯一需要打掃的就是遍地落葉。

誰都知道，清晨起床掃落葉實在是一件苦差事，尤其在秋冬之際，每一次起風時，院子裡的那些楓樹的葉子總隨風飛舞落下。

每天早上都需要花費許多時間才能清掃完樹葉，這讓小和尚頭痛不已。他一直想要找個好辦法讓自己輕鬆一些。

他開始動腦筋，終於想出了自己認為很不錯的一個辦法，就是在明天打掃之前先用力搖樹，把落葉統統搖下來，這樣後天就可以不用掃落葉了。

小沙彌相信這一定是個好辦法，於是隔天他起了個大早，用力猛搖每一棵樹，這樣他就可以把今天跟明天的落葉一次掃乾淨了。一整天小和尚都非常開心。

但是第二天，小沙彌到院子一看，他不禁傻眼了：院子裡如同往日一樣落葉滿地。他今天還得繼續掃地。

老和尚走了過來，見小沙彌悶悶不樂的樣子，問清原委後，對小沙彌說：「傻孩子，無論你今天怎麼用力，明天的落葉還是會飄下來。」

小沙彌終於明白了，世上有很多事是無法提前的，唯有認真活在當下，把握好每一個真實的「今天」，這才是最正確的人生態度。

【禪悟管理】

人的一生很短暫，能用於工作和生活的時間並不充裕，如果希望自己在有生之年做出一些成績，就必須對自己的工作有一個正確的態度，而「把握好今天」無疑就是最正確的工作態度。

反思故事中的小沙彌，總是自作聰明企圖把明天的工作，在今天一併做完，事實上，很多事情是無法提前進行的。這就要求管理者要養成「今日事，今日畢」的良好工作習慣。要知道，一個個今天就好比是一步步階梯，是生命組成的一部分，浪費今天就是在浪費我們自己的生命。所以雷厲風行的工作作風是必須的，乾淨俐落的辦事風格是必備的。

合理把握今天的時日

◎◎◎◎◎◎◎◎◎

盡天職的禪師

很多成功的企業家都透過禪道領悟管理人事的要旨，他們很多人也很喜歡跟一些現代禪宗大師交流，向他們學習討教。以下是一家公司的總裁在與一位禪師關於禪的一段對話，讀來頗令人深思：

我第一次見禪師的時候正年少氣盛，非常驕傲。所以我問大師的第一個問題也是非常尖銳的。

「大師，禪宗認為萬事萬物都有生有滅，那麼，禪宗將來會是什麼樣子呢？」

「會消失。」大師用平靜得不能再平靜的口氣肯定答覆我，實在令我大吃一驚。

「既然這樣子你為什麼還要這麼積極向世人闡釋這些禪理呢？」

「因為我是禪師，我的責任就是把我所印證的禪理告訴世人。」大師如是回答。

過了一下，大師又反問我說：「人最終會不會死呢？」

「當然會啊。」

「那你會不會因為自己最終要死掉，就什麼事情也不做呢？」

「當然不會！」

「這就對了！做什麼事情都要盡到自己的天職，都要有知其不可為而為之的勇氣。就算是明天地球要毀滅了，我今天還是要向你闡釋這些禪理。」

大師怕我還沒徹底領悟，又苦口婆心開導我說：「禪的智慧就好比這蠟燭的光，禪宗就好比這些蠟燭。蠟燭有燒盡的時候，但它所散發出來的光卻會代代傳遞下去。這樣看來，禪宗消不消失，又有什麼關係呢？」

【禪悟管理】

「敬業」早在古代《禮記．學記》中就以「敬業樂群」明確提了出來。

一個管理者，不管他的公司遠景如何規劃，兢兢業業做好手頭工作是實現公司遠景的第一步和最基本的一條。

請相信，強烈的使命感和責任心，會帶來不同尋常的意志。這種使命感和責任心，可以立下不凡功業。若加上慈悲心，成功便指日可待了。

對於一個管理者來說，管理本身就意味著責任。在這個世界上，沒有不需要擔責任的管理事宜，相反，你的職位越高、權力越大，你肩負的責任就越重。

無論責任多大，都不要害怕承擔責任，要給自己制定目標：我一定可以承擔任何正常管理生涯中的任何責任，我一定可以比前人完成得更出色。

◎敬業成就偉業◎◎◎◎◎

不可代勞

道謙禪師與好友宗圓結伴參訪行腳②，途中宗圓因不堪跋山涉水的疲困，因此幾次三番鬧著要回去。

道謙就安慰著說：「我們已專心出來參學，而且也走了這麼遠的路，現在半途放棄回去，實在可惜。這樣吧，從現在起，一路上如果我可以替你做的事，我一定為你代勞，但只有五件事我幫不上忙。」

宗圓問道：「哪五件事呢？」

② 行腳，是佛的一種戒律規定，要求是兩條腿一步步的走，中間包含所必須的乞食、寺廟打坐、樹下打坐。夜間的住宿必須是在野外，樹下甚至塚間等。

道謙非常自然說道：「穿衣、吃飯、屙屎、撒尿、走路。」道謙的話使宗圓終於言下大悟，從此再也不敢說辛苦了。

諺語說：「黃金隨著潮水流來，你也應該早起把它撈起來！」世間上沒有不勞而獲的成就，萬丈高樓平地起，萬里路程一步始，生死煩惱，別人絲毫不能代替分毫，一切都要靠自己啊！

【禪悟管理】

每個人都需要工作，工作崗位是一個人賴以生存和發展的基礎保障。而一個公司的正常運轉，需要每個員工和管理者包括法人代表，要以高度敬業的使命感投身其中。

任何一家想透過殘酷的市場競爭而獲取勝利，就必須設法使每個員工都能敬業。對於管理者來說，如何發現和培養員工的敬業精神，是企業管理的頭等大事。

當前，一個不爭的事實就是，國內公司員工普遍敬業度不高，這個現象雖然讓任何一家公司的管理者頭痛，但也應是管理者必須要面對和徹底解決的事情。首先，我們必須承認，對員工來說，態度消極是一個方面，另一方面，管理者自身對制度遵循的不嚴格、缺乏對員工的職業生涯規劃、薪酬管理不明、績效管理不到位等等，都極大程度影響了員工的敬業積極性。

我們不妨先問問自己，在這些相關方面，我們做的又如何呢？

時時關注別人，處處檢討自己
◎◎◎◎◎◎　◎◎◎◎◎◎

撞鐘的小和尚

有一個小和尚擔任撞鐘一職，半年下來，覺得無聊之極，於是敷衍了事，「做一天和尚撞一天鐘」而已。

小和尚的工作狀態被住持看得一清二楚。住持認為他不能勝任撞鐘一職，決定調他到後院劈柴挑水，以便讓他受到更好的磨練。

小和尚卻很不服氣問：「我撞的鐘難道不準時、不響亮？」

老住持耐心告訴他：「你撞鐘雖然很準時，也很響亮，但鐘聲空泛、疲軟，沒有感召力。鐘聲是要喚醒沉迷的眾生。因此，撞出的鐘聲不僅要洪亮，而且要圓潤、深厚、深沉、悠遠。」

【禪悟管理】

泰戈爾說：「如果把人生當作苦役，那人生就是無窮的苦役了；同樣道理，如果把工作當作苦役，那麼他永遠也感受不到成功的快樂。」

快樂與否是考核我們工作績效的一個重要指標。一個好的管理者應該是一個能體驗到快樂工作的人。如果你認為你所做的管理工作是乏味的，是一種苦役，就會自然而然產生排斥心理，就不會全力以赴工作，自然會影響工作的效果。

管理領域有很多，有條件的話，一個人要做自己所愛接觸的那一方面；如果沒有條件選擇的話，那麼就要愛自己所做的那些管理工作。

◎◎◎◎◎◎快樂投入工作，從工作中獲得快樂◎◎◎◎◎◎

黑帶的真正含義

一位武林高手跪在武學宗師的面前，接受來之不易的黑帶。這個徒弟經過多年的嚴格訓練，在武林中終於出人頭地。

「在授予你黑帶之前，必須接受一個考驗。」武學宗師說。

「我準備好了。」徒弟答道，以為可能是最後一個回合的練拳。

「你必須回答最基本的問題：黑帶的真正含義是什麼？」

「是我習武的結束。是我辛苦練功應該得到的獎勵。」武學宗師等待著他再說些什麼，顯然他不滿意徒弟的回答。

最後他開口了：「你還沒有到拿黑帶的時候，一年以後再來。」

一年以後，徒弟再度跪在宗師的面前，師父問道：「黑帶的真正含義是什麼？」

「是本門武學中最傑出和最高榮譽的象徵。」徒弟說。

徒弟等啊等，過了好幾分鐘，武學宗師還是不說話，顯然他還是不滿意。

最後他說：「你仍然沒有到拿黑帶的時候，一年以後再來。」

一年以後，徒弟又跪在宗師的面前，師父又問：「黑帶的真正含義是什麼？」

「黑帶代表開始——代表無休止的磨練、奮鬥和追求更高標準的里程的起點。」

「好，你已經可以接受黑帶開始奮鬥了。」

【禪悟管理】

重複為學習之母，檢討為學習之父。成功，每天不斷進步與突破，能成就非凡的一天，也就能成就非凡的一生。

每天進步一點點，挑戰平凡，追求卓越！

一流的保險推銷員推銷的是人生觀；二流的保險推銷員推銷的是保險理念；三流的保險推銷員推銷的是商品組合；四流的保險推銷員推銷的是條款。可惜太多的人根本聽不懂。

總之，成功說起來容易做起來難，你可能就會表面上努力爭取一番，內心深處卻對「成功」恐懼，從而不敢全力以赴，不敢奢望，最後乾脆就不去做了。

其實人人都能成功，只要你已有了這樣的信念，表示你正在加入那些「少數的」成功者之列了。

每天進步一點點
◎◎◎◎◎◎

轉世的猴子與投胎的人

民間流傳著兩個故事。

有一天，一隻轉世的猴子走到佛祖身前說：「可否讓我來世做人？」佛祖說：「那很容易，只要你把臉上的毛拔掉，那麼你便可做人。」猴子聽了隨手便嘗試把臉上的毛拔去，但是感覺十分痛楚，於是說：「佛祖大爺，拔毛是很痛的，可否不拔？」佛祖說：「看你一毛不拔，如何做人？」

另一個故事是說有兩個人分別準備投胎，其中一個說：「這次投胎，最好能夠不用工作，人們都會給我錢。」另一個說：「這次投胎，最好能為人民服務。」結果前者投胎成為街上的一個乞丐，後者是社會賢達。

【禪悟管理】

我們每個人應該永遠記住，當我們自己擁有卓越特質之後，社會上仍有些事情比增加銀行存款更重要。麥當勞的「獨享不如分享」廣告詞非常準確說明了這一點。

如何回饋社會，這裡掌握如何卓越展現自己非常重要。一個人能面對多少人，他的成就就有多大，希望每個人都能做國寶。

賢達之人，當為人民服務
◎◎◎◎　◎◎◎◎◎◎

方丈的心願

定一方丈是一位得道的高僧，他在眾僧面前從不擺姿態、不講身分。他還經常和小和尚們一起四處奔波，念齋化緣。

有一天，一個新來不久的小和尚，不解問定一法師：「師父勞苦功高，又年邁體弱，為什麼還要與我們同甘共苦，一樣勞作呢？」

「因為我有一個夙願還沒實現，」定一方丈微笑著說，「從我當上方丈的那一天起，我就立志，在有生之年，把我們的寺院擴大一倍的規模。現在這個心願還沒有完全實現，我哪能懈怠半分呢！」

兩年之後，寺院的規模真的擴大了一倍。定一方丈也更加蒼老了，已近垂暮時分。可是，他每天堅持青燈長卷，深夜不眠，忙著翻譯一部舶來的經文。有幾個徒弟看不下去了，擔心方丈的身體，一起向定一方丈請願，請求他保重貴體，注意休息。

感動欣慰之餘，定一方丈語氣凝重對徒兒們說：「我尚有一個心願未了卻，在有生之年，一定要把這部經文詳盡翻譯、付印發行，以蔭澤後人，弘揚我法。生命有限，心願無垠啊！」

徒弟們聽後，對師父的關切裡又添增幾分欽佩。

不知挺過了多少個不眠之夜，定一方丈的譯著終於完成了。當天，老方丈在自己的禪房裡含笑圓寂。

【禪悟管理】

無論你是誰，身在何處，有什麼樣的信念、追求和熱望，都應該像老方丈那樣，積極行動起來，為自己的夢想找到一個落腳的地方。

一個人什麼都可以沒有，但絕不能沒有夢想；一個人什麼都可以丟棄，但絕不能把夢想丟了，因為夢想就是生命。敢於夢想本身就是一種開拓和創意，不論做什麼事，只要心存夢想，相信自己，我們就一定會獲得成功。或許我們會認為這些夢想遙不可及，如果我們就此放棄恐怕就真是永不可及了。

在人的一生中，坎坷、挫折和不幸總是占去大半。如果在面臨不幸，仍然保持自己的夢想，那就是意味著我們的人生還有希望。

生命有限，心願無限
◎◎◎◎　◎◎◎◎

三個和尚悟道

一天，有三個和尚互相問道：「你是因為什麼而得道的？」

一個和尚說：「我在國王的果園裡做園丁，有一次看見葡萄長得茂盛美好，而到中午時分，人們來摘取葡萄，弄得地上一片狼藉，破敗異常。我看到這種情形，感到世事無常，因此而得道。」

另一個和尚說：「我坐在水邊，看見一位女子來洗東西，手一動，手鐲臂環互相碰撞，因緣相合而發出了聲音。我因此而得道。」

最後一個和尚說：「我在蓮花池邊，看見蓮花開得正盛，美豔無比，怡人心神。中午時分，來了幾十輛馬車，人呀馬呀都在池裡洗澡嬉戲，人們還把蓮花都摘走了。人們過去以後，原來的美好成了一塌糊塗。萬物無常就是這個樣子呀，我明白了這個道理也就得道了。」

【禪悟管理】

花無百日紅，青春偏早逝。我們不可能透過追求完美得到幸福。其實人生從不曾完美過，人生就是這個樣子，永遠是有缺憾的。

佛學裡把這個世界叫做「娑婆世界」，翻譯成中文就是能忍許多缺憾的世界。人的世界本來就有諸多缺憾，不完美才是完美，太完美了就是缺陷。

一個完美的人永遠無法體會有所追求、有所希冀的感受，他無法體會到他所愛的人帶給他一直追求而得不到的東西的喜悅。

一個有勇氣放棄他無法實現的夢想的人是完整的。因為只有缺憾才能體現出他所追求的完美。

萬物無常，缺憾為美

穿衣吃飯

有一次，一個人特意去請教睦州禪師問題。

這個人問禪師：「我們每日都要重複著穿衣吃飯，實在是很麻煩。請問怎樣才能擺脫這些煩惱呢？」

禪師聽後，只以四字作答：「穿衣吃飯」。

那人聽了十分不解，一下子陷入了沉思：穿衣吃飯怎麼可以除去煩惱呢！

禪師很快就看破了他的心思，繼而斬釘截鐵說道：「假如你還不明白，那你就穿衣吃飯吧！」

那個人仍不得其解，睦州禪師微笑著轉身走了。

【禪悟管理】

穿衣吃飯象徵著在世間的勞碌。往往有許多人被世間一些繁碎瑣事搞得身心疲憊，整日於塵世間忙碌著，無法享受美好的生活。

如何才能解脫勞碌呢？必須於世間的繁忙之中，找回自己的那顆本心。以自身的本心去對待生活，原本的吃飯穿衣也就不會再成為煩惱了，反而可以長養佛性。

同樣，生活在大都市的人們，必須於繁忙的工作中，找回自己的本心，以自身的本心對待工作，那麼原本看似雜亂的工作，也就會變得隨心應手了。

一個管理者如果能夠達到以本心來對待工作，那麼一切管理問題自然不會如想像的那樣複雜了。

以本心面對工作

◎◎◎◎◎◎◎

乞討修佛身

有一個叫鐵眼的和尚，他發誓要用募捐來的錢修建一個佛的金身。他也知道其中困難重重，但既然已經立下宏願，就絕不退縮。

一天，他去了鬧市，向路過的人乞討施捨。過了不久，就有一個武士走過來了，鐵眼急忙行禮，並且說道：「貧僧誓願塑佛金身，請施主捐一點吧！」

可是武士卻邁著大步從他身邊走過，像是沒聽見他所講的話。鐵眼立即追了上去，向其發出低聲的乞求。那武士不耐煩吼道：「滾開，臭和尚！」

但是鐵眼還是不放棄，他又繼續跟在武士後面，一直走了十多里路。最後，那個武士實在無可奈何，才扔了一文錢。鐵眼馬上從地上撿起錢，並立即向武士行致謝禮。

行完禮，他又按原路回去繼續化緣。如此經過無數個風霜雨雪的日子，鐵眼和尚終於湊足了資金，建起了一尊佛的金身。

【禪悟管理】

人人都知道，要做大事必先精神集中，而這種精神集中卻只能在懷著一個中心意志、生命目標時才能辦到。對於那些令人不感興趣、毫無熱誠的事情，人們是不會精神集中的。

身為管理階級，如果從事的工作態度讓自己的下屬都感到失望，那就真的是該考慮反省的時候了，無論這個態度的形成是出於任何原因。

聚沙能成塔，集腋能成裘。在擁有了一個中心目標的基礎上，充滿信心，並且不遺餘力朝著中心目標邁進，那他一定會獲得成功。

聚沙能成塔，集腋能成裘。

◎◎◎◎◎　◎◎◎◎◎

電子書購買　爽讀 APP

國家圖書館出版品預行編目資料

管理禪思，重塑管理之道：禪系管理學！比佛系更簡單的禪系，管理學也可以很簡約 / 宋希玉 著 . -- 第一版 . -- 臺北市：沐燁文化事業有限公司，2024.04

面；　公分

POD 版

ISBN 978-626-7372-29-6(平裝)

224.515　113002983

管理禪思，重塑管理之道：禪系管理學！比佛系更簡單的禪系，管理學也可以很簡約

臉書

作　　者：宋希玉

發 行 人：黃振庭

出 版 者：沐燁文化事業有限公司

發 行 者：沐燁文化事業有限公司

E-mail：sonbookservice@gmail.com

粉 絲 頁：https://www.facebook.com/sonbookss/

網　　址：https://sonbook.net/

地　　址：台北市中正區重慶南路一段六十一號八樓 815 室

Rm. 815, 8F., No.61, Sec. 1, Chongqing S. Rd., Zhongzheng Dist., Taipei City 100, Taiwan

電　　話：(02) 2370-3310　　　傳　　真：(02) 2388-1990

印　　刷：京峯數位服務有限公司

律師顧問：廣華律師事務所 張珮琦律師

定　　價：350 元

發行日期：2024 年 04 月第一版

◎本書以 POD 印製